新艺文类聚丛书（第一辑）

石屋余沈

马叙伦 著

南开大学 出版社

图书在版编目(CIP)数据

石屋余沈 / 马叙伦著. —天津:南开大学出版社,
2018.7
(新艺文类聚丛书. 第一辑)
ISBN 978-7-310-05547-0

Ⅰ.①石… Ⅱ.①马… Ⅲ.①中国历史－掌故 Ⅳ.
①K206.6

中国版本图书馆 CIP 数据核字(2018)第 021053 号

南开大学出版社出版发行
出版人:刘运峰
地址:天津市南开区卫津路 94 号　　邮政编码:300071
营销部电话:(022)23508339　23500755
营销部传真:(022)23508542　　邮购部电话:(022)23502200

＊

三河市同力彩印有限公司印刷
全国各地新华书店经销

＊

2018 年 7 月第 1 版　　2018 年 7 月第 1 次印刷
195×130 毫米　32 开本　8.125 印张　3 插页　125 千字
定价:35.00 元

如遇图书印装质量问题,请与本社营销部联系调换.电话:(022)23507125

马叙伦（1885—1970）

澹〻秋痕到荻翎坡人招我

上江亭焦桐譜出漁謌子爭

想煙波放釣龄越曲吳歈到口

工解音無過沈存中若教長

遂重新賦為報尊前有馬融

風流吾愛張平子未到登高等

酒闌寧荻小車流水過旁人爭

道德琴囬

廉澄吾兄兩政弟叙倫

马叙伦书法墨迹

出版说明

本书作者马叙伦(1885－1970),字彝初,后改为夷初,号石翁,别号寒香,晚号石屋老人。马叙伦是我国现代著名的教育家和语言文字学家,一生著述颇丰,主要著作有《说文解字六书疏证》《石鼓文疏记》《庄子札记》《庄子天下篇义证》等,另有体现治学历程的《读书小记》《读书续记》,以及掌故著作《石屋余沈》《石屋续沈》等。

《石屋余沈》是作者不同时期笔记文章的结集,主要论述清末民初的名人逸事,兼涉书画品评及艺林逸闻,共 133 则。本书 1948 年由上海建文书店初版(1984 年上海书店新印),1995 年由山西古籍出版社再版。本次再版,参考了以上两个版本,并进行了必要的校订和注释。主要包括以下方面。

1. 异形词问题。由于写作年代的原因,我们对于异形词予以保留(括号中为现行通用规范词),如咿哑(咿呀)、澈底(彻底)、宛转(婉转)、豫备(预备)、展转(辗转)、归依(皈依)、策画(策划)、预定(预订)、豫防(预防)、沉著(沉着)、於乎(呜呼)、珍羞(珍馐)、旁皇（彷徨）等。

2.古今字问题。对于不影响文意、符合当时习惯用法的古今字，予以保留，如只/止、那/哪、抵/氐、做/作等。

3.繁体字问题。繁体字依照《现代汉语词典》（第7版）进行了简化，但由于古今汉语在意义和用法上的区别，某些字不能进行类推简化，仍予保留，如訣、覰、閗等。个别人名依《辞海》（第六版）保留繁体字，如翁同龢、龚定盦等。

另外，因本书涉及许多清末民初的名人，为方便读者阅读，本版对文中重点提到的人物做了简单注释。同时，对于原版本中明显的错字及其他疏漏进行了修改。

作者虽然博学多才，但书中仍存在一些难以避免的局限性。对此，我们在编辑过程中进行了必要的技术性处理，尚请读者在阅读中加以辨别。

南开大学出版社

2018年7月

目 录

一 《金鱼唱和词》 …………………………………… 1

二 挽联惬当之难 ……………………………………… 9

三 大觉寺看杏花 ……………………………………… 11

四 清帝遗事 …………………………………………… 15

五 清初轶闻 …………………………………………… 16

六 游南海子 …………………………………………… 18

七 故宫书画 …………………………………………… 20

八 翁同龢《并未生事帖》 …………………………… 24

九 龚孝拱遗著 ………………………………………… 25

一〇 曾国藩师谢安 …………………………………… 26

一一 沈宝桢死之异闻 ………………………………… 27

一二 袁瞿之隙 ………………………………………… 29

一三 袁项城祀孔 ……………………………………… 31

一四 盛宣怀以贿得邮尚 ……………………………… 32

一五 锡良之廉直 ……………………………………… 33

十六 侍坐杂闻 ………………………………………… 34

一七 瑞澂出奔 ………………………………………… 36

一八 杨春浦诙谐 ……………………………………… 37

一九　二钱遗事 ……………………… 38

二〇　前辈俭德 ……………………… 40

二一　《中外日报》归官办之经过 …… 41

二二　盛龥卿 ………………………… 42

二三　幕府才难 ……………………… 44

二四　李经羲 ………………………… 45

二五　章太炎 ………………………… 47

二六　刘崧生 ………………………… 56

二七　罗文干 ………………………… 58

二八　汤李之交 ……………………… 60

二九　王静安 ………………………… 62

三〇　吴雷川 ………………………… 64

三一　马君武 ………………………… 66

三二　王文韶 ………………………… 68

三三　朱彊村　袁爽秋 ……………… 70

三四　大茶壶 ………………………… 71

三五　程砚秋 ………………………… 72

三六　张伯岸 ………………………… 73

三七　烟霞洞罗汉 …………………… 74

三八　中和园听歌 …………………… 75

三九　三贝子花园 …………………… 76

四〇　欢喜佛 ……………………………… 77

四一　岳飞善处事 …………………………… 78

四二　墓上植梅 ……………………………… 79

四三　朱天庙 ………………………………… 80

四四　官僚解 ………………………………… 81

四五　谈月 …………………………………… 82

四六　梦中诗 ………………………………… 83

四七　可异的政令 …………………………… 84

四八　刍荛者言 ……………………………… 86

四九　姑妄记之 ……………………………… 88

五〇　锦城行记 ……………………………… 89

五一　论书绝句 ……………………………… 100

五二　余书似唐人写经 ……………………… 105

五三　严嵩书 ………………………………… 106

五四　黄晦闻书 ……………………………… 107

五五　鲜于伯机书 …………………………… 108

五六　于右任书 ……………………………… 109

五七　张静江书 ……………………………… 110

五八　沈尹默书 ……………………………… 111

五九　陈老莲画 ……………………………… 113

六〇　马阮画 ………………………………… 114

六一　二张画 ……………………………………… 115

六二　溥心畬画 ……………………………………… 116

六三　笔墨 …………………………………………… 117

六四　高句丽笔 ……………………………………… 119

六五　黄晦闻遗砚 …………………………………… 121

六六　程君房墨 ……………………………………… 122

六七　元椠《琵琶记》 ……………………………… 123

六八　《荡寇志》 …………………………………… 124

六九　狐异 …………………………………………… 125

七〇　狐祟 …………………………………………… 128

七一　熊十力奇疾 …………………………………… 129

七二　弘一预知寂期 ………………………………… 130

七三　出使笑谈 ……………………………………… 131

七四　力医 …………………………………………… 133

七五　李秀成义子 …………………………………… 134

七六　李叔同一言阻止毁寺 ………………………… 136

七七　书法要拙中生美 ……………………………… 139

七八　劳玉初先生遗事 ……………………………… 140

七九　蓉阁先生投赠诗册 …………………………… 144

八〇　吴观岱之成名 ………………………………… 145

八一　纪子庚墓志铭 ………………………………… 147

八二　作书不贵形似……………………149

八三　魏碑…………………………………150

八四　许迈孙之达…………………………151

八五　浙江最初之师范生…………………156

八六　米海岳论书法………………………157

八七　梁闻山评书…………………………164

八八　姚仲虞论书法………………………166

八九　听余叔岩歌…………………………168

九〇　陶方之悉民间疾苦…………………169

九一　《兰亭八柱》真伪…………………170

九二　李若农善相…………………………172

九三　陈止庵师遗事………………………174

九四　陈右铭能举其职……………………176

九五　乡民之骗术…………………………177

九六　徐世昌不齿于翰林…………………178

九七　许叔玑墓表…………………………180

九八　王右军《感怀帖》真迹……………181

九九　红芋诗人……………………………183

一〇〇　甓器由来…………………………184

一〇一　杭州葬法…………………………186

一〇二　林迪臣先生兴学…………………188

一〇三　叶左文之孝友……………………190

一〇四　清季杂志……………………………192

一〇五　鼓吹民族革命之《国粹学报》………193

一〇六　清政轶闻……………………………195

一〇七　杨昀谷论诗…………………………197

一〇八　婢亦人子也…………………………198

一〇九　命相术………………………………200

一一〇　朱有年说……………………………202

一一一　《送春诗》…………………………204

一一二　治葬戒奢……………………………205

一一三　林攻渎………………………………206

一一四　唐太宗书……………………………208

一一五　孙仲玙之学行………………………209

一一六　樊樊山辞祝寿………………………210

一一七　闒三劫包……………………………211

一一八　作书五养……………………………212

一一九　余之信仰……………………………213

一二〇　乙卯词………………………………214

一二一　儒佛修持异同………………………217

一二二　顺风耳………………………………218

一二三　马先生汤……………………………219

一二四　传代归阁 ················· 221

一二五　途中人语（一）················· 222

一二六　途中人语（二）················· 223

一二七　王郎中 ················· 224

一二八　赵子昂书 ················· 225

一二九　汤定之节概 ················· 226

一三〇　寿亲不在文字 ················· 228

一三一　盘瓠氏之图腾 ················· 230

一三二　彭李出家因缘 ················· 232

一三三　避煞 ················· 234

附录

我在六十岁以前（节选）/马叙伦 ················· 235

一 《金鱼唱和词》

九年①旧历五月十一日，北京大学同人宴集于城东金鱼胡同之海军联欢社。沈尹默出示其生朝述怀之作。越日，余有继造。张孟劬尔田、伦哲如明复和余辞，余因集而名之曰《金鱼唱和词》。尹默原唱云：

其一

户外犹悬艾叶，筵前深映榴花。端阳过了数年华，节物居然增价。　　新我原非故我，有涯任逐无涯。人生行乐底须赊，好自心情多暇。

其二

脑后尽多闲事，眼中颇有佳花。饭余一盏

————————

① 中华民国九年，1920年。本书成书于民国时期，下文出现的某年均为民国某年，不再一一标注。

雨前茶，敌得琼浆无价。　　午睡一时半响（晌），客谈百种千家。兴来执笔且涂鸦，遣此炎炎长夏。

其三

眼底凭谁检点，案头费甚功夫。天然风月见真吾，漫道孔颜乐处。　　骑马看山也得，乘桴（槎）浮海能无。人间何处不相娱，随分行行且住。

其四

不道死生有命！便云富贵在天。现成言语不能言，读甚圣经贤传。　　流水高山自乐，名缰利锁依然。老牛有鼻总须牵，绕得磨盘千转。

余和云：

其一

户上犹悬艾绿，尊中尚染雄黄。儿颜隐隐虎头王①，故事年年依样。　　须鬓添来种种，岁华任去堂堂。酸甜苦辣已都尝，只是心田无恙。

自注：① 杭州旧俗，重午日饮雄黄酒，即以饮余书王字于小儿额上，取威胜之意。

其二

往事那堪重忆，泪丝不觉先垂。哀吟陟岵覆鬶时，风雪也衔悲思。　漫道熊丸荻笔，只看计食谋衣。心机费尽鬓毛衰，子子孙孙须记。

其三

少小自矜头角，春秋勤习诗书。汝南月旦颇相誉，同甫文中之虎。　时向长城饮马，还趋东府呼卢。从来壮士耻为儒，莫为儒冠儿误。

其四

灯下频看宝剑，梦中时击天间。舳舻十万王扶余，年少气真如虎。　已往付他莺燕，从今觅我莼鲈。春衣行典付黄垆，做个渔翁闲语。

其五

爽意满阶幽草，陶情一盏清茶。娇儿隔户笑呼爹，欲语不成咿哑。　白马东来震旦，青牛西去流沙。人间万事看分瓜,底用蜗头争霸。

其六

小径幽花惹蝶,邻家老树归鸦。渐生新月映余霞,篱落忽闻情话。　　闲事无须多管,浊醪大可时赊。买山快快种桑麻,归卧凤篁(凰)岭下。

其七

映户两颗疏树,侵阶几点苍苔。芭蕉半展木丹肥,采蜜蜂儿成队。　　事到头边做起,闲来书本摊开。酒余谈笑杂庄谐,也算辩才无碍。

其八

薄醉午床赊梦,微熏乙帐观书。寂寥门巷耳生车,无事看天倚杵。　　篱角柔猫弄子,池头老鹳窥鱼。苦吟不得尽捻须,好鸟一声飞去。

其九

草绿溪桥断处,鸟飞残月天边。烟波江上钓鱼船,赊取闲情无限。　　入社先求许饮,多情偏要参禅。此中欲辨已忘言，且自饱餐茶饭。

其十

只为寻花迷路，转因踏草迟归。溪流缓缓送斜晖，羌笛一声牛背。　困则埋头便睡，醒来随意衔杯。暖风吹蕊蝶齐飞，极好一般滋味。

其十一

欲雨先来暑气，招风急卸凉蓬。推敲几误践花丛，一副词人面孔。　文字虽然着相，心情澈底都空。西东还是付西东，不问风幡谁动。

其十二

柳岸鸟声啾唶，花桥流水潺湲。淡烟疏月夕阳边，清兴无端难绾。　佳句争安一字，苦吟竟费三年。虚名成就已堪怜，冷了回肠一半。

哲如和云：

其一

依样桃符秬黍，客中佳节经过。五陵裘马

少年多，屠狗场中着我。　　共道田文启薛，休提屈子沉罗。客来燕市例悲歌，慷慨荆高唱和。

其二

最忆江乡乐事，家家竞赛端阳。海潮涌现万龙艭，箫鼓中流荡漾。　　更有荔子湾口，绿阴夹岸清凉。晚风柔软浪花香，唤起桃根打桨。

其三

早慕小长芦叟，微官七品归欤。空疏补读十年书，泛宅烟波深处。　　何事长安索米，翻成稷下吹竽，忝颜还自托师儒，笑问为人为己。

其四

坊肆百千评价，斋厨黄绿标签。书城高与债台连，典尽春衣还欠。　　不是催租败兴，难教识字成仙。门多恶客橐（囊）无钱，笑咏桃花人面。

其五

谁奏回风妙曲，竞传堕马新妆，风情半老惜

徐娘，未解入时眉样。　　女伴踏青斗草，朝朝
芳约匆忙。兽炉香里日偏长，独自倚楼惆怅。

其六

几度兴刘覆楚，何人怨李恩牛。青灯评史
笑休休，天上白云苍狗。　　见说干戈蜀道，又
传鼓角黄州。他乡伤乱仲宣楼，可仗清愁被酒。

（哲如，广东东莞县人，少有文名，家世丰厚。多
藏书。哲如肄业京师大学堂，毕业，得知县。分发，
不到省，从事教育。亦以聚书为乐，与人共设通学斋
书店于北平琉璃厂之南，得善本即自藏之。其所见
渊博，尝欲续为《四库目录》。）

孟劬和云：

其一

午梦澡兰寂寂，光风炊黍匆匆。榴花还似
去年红，祗是舞梢香褪。　　往事曾题彩笺，新
愁自剪秋蓬。昨宵残酒发春慵，今日扶头忒重。

其二

菰叶翠香别浦，菖花红缕谁家。酒醒望却

在天涯，愁满绿尘芳树。　　珍粟侵肌宛转，凉
簪坠发敧斜。并池千绕数归鸦，看到风林月下。

其三

　　糁地朱英趀荡，绕庐绿树恢台。人生底处
不开怀，斗取闲身自在。　　听水安排翠箪，看
山料理青鞋。马驹踏杀不凡材，跳出栗篷儿外。

（孟劬，杭州人，选学名家张仲雅先生之曾孙，尊
人莼汜先生即以诗余称于时。孟劬戮力文史，其所
著《史微》，章实斋后一人而已。于诗深于李义山，尝
为《玉谿生年谱注》，于旧注多所辩正。仕为知府，候
补于江苏，不事衙参，日以品茶阅书肆为乐。）

二　挽联惬当之难

余不善为俪词，虽曾有所作，非当行也。挽联亦须为俪词，然须括死者行径、生者哀伤于数十百字中，尤觉难为。余每见有率然矢口，便成妙作者，羡之不已，以为此如酒有别肠也。及佐莫伯恒浙江财政厅为秘书，实司书启，拟诗词而已。幸此皆不多，而挽联顾不绝也。于是不能藏拙，姑试为之。记挽朱介人云："捷献平吴，王常侍勋名最著，更来梓里持旌，堪继李家和乐，讵知录写归田，西风遽惊闻甲马；狱成钩党，毛督邮风谊难忘，况复油幢载笔，喜陪羊傅襟怀，岂意诗吟落月，白河遥望怅人琴。"挽黄克强云："勋庸在国，妇女也争传姓氏；豪杰为神，英灵犹自镇山河。"又云："赤手造新邦，千载勋名书册府；银涛归客榇，万家鸡黍哭先生。"挽蒋观云夫人："父子负文武才名，母虽鸾参天上，青史犹余千岁寿；宾客多郭荀俦类，我欲鹤化庭中，秋风未许一杭来。"闻观丈甚许之。余自挽夏穗卿先生云："先生是郑渔仲一流，乃以贫而死乎；后世有杨子云复生，必能读其书矣。"自谓颇称穗丈生平。又挽梁任公夫人云："当国难时，片语促成夫子志，斯乃列女传人物；临命终际，一心归向华藏海，此真能仁氏信徒。"任公亦亟称之。挽王梦白云："此世自多程不识，斯才不灭华新罗。"挽杨皙子云："功罪且无论，自有文章惊海内；霸王成往迹，我倾河海哭先生。"挽朱古微先生云："遗札犹存（先生为余题李云谷《残砚图》），此老已从王子晋；后生安仰，歌辞欲废鹧鸪天。"（〔鹧鸪天〕，彊老绝笔词也。）挽马孟容云："纵托神交，未识白眉终结恨；偏羁萍迹，遥瞻绛帐有余哀。"挽许叔玑云："通经致用，自儒志一脉相承，谁令竟閟其长，树人以老，狼藉讲疏，讵意忽趋天上召（叔玑以脑溢血殁）；志大才疏，负横塘廿年期许，自知终无所试，玩世不恭，陆沉人海，偏教连哭故人丧。"（王梦白先叔玑卒。）自谓皆无自来习气。

三 大觉寺看杏花

偕智影及北平大学女子学院学生至大觉寺看杏花。自大觉寺赴管家林，沿途多杏，第未成林。抵管家林，则高高下下红白嫣然，真若锦绣，惜已盛放，远望极佳，而近视则英华多谢矣。独乡人所居东面亭侧两株，枝干势态，悉与众殊，花亦肥红，簇聚枝头，似宋画中物，最可观也。杏间杂以白樱桃花，惜干皆不高。还大觉寺，再往大工，途中风景较佳。半道间为大觉寺塔院，院前有松树，姿势甚美，松杏相依。松则苍翠欲流，杏则红粉若湿。大工花无管林之盛，然枝干势态似胜管林，管林佳者亦有之。大工之花，开放稍迟，红绽枝头，艳无可比，惜时已日落，不及备观，六时半，复自大觉寺乘车而归。途中得诗：

其一

山曲红墙一抹斜，行行且住喝杯茶。
山中莫道无春色，门外家家有杏花。

其二

踏草穿林为底忙,只缘不肯负春光。

杏花红雨樱花雪,花外烟笼旧帝乡。

其三

谁翻红浪没遥岑,随地参差皱锦衾。

莫道江南春色好,杏花终负管家林。

其四

连鞍十八尽钗裙,折艳相簪唱入云。

共指云边花尽处,红墙绿瓦九爷坟①。

自注:①女院院址为清定亲王府,俗称九爷府。

其五

岭折山盘似伏龙,浓姿到处惹游骢。

看花姚合曾连夜,策向荒寒夕照中。

其六

一枝红杏倚苍松,谁镂冰心布置工。

却似看花人两个,一齐收入画图中。

其七

坏砌残基惜木工，燕支岁岁弄春风。
移来小宋尚书宅，染得环山十里红。

其八

管家林密此间疏，一样春光有卷舒。
嫩蕊商量开细细，莫教骚客枉留车。

其九

风景依稀似故乡[①]，故乡只少杏花香。
何时乞得灵山种，种遍钱唐作杏王。

自注：①似杭州翁家山至杨梅岭。

其十

廿载承平不看花，今遭丧乱走雷车。
只愁一战洮河后，万马归来尽种麻。

归后续二首：

其一

莫道看花人自乐，种花人却暗咨嗟。

踏平无数新培种,折损枝头不少桠。

其二

看花击毂复连鞍,看罢无人不尽欢。
只恐明年花更发,看花谁是汉衣冠。

四　清帝遗事

梅斐绮光远言,清德宗既失欢于孝钦[1],虽阉宦亦从而侮之。宫内向有私例,百官有所进献,须纳宫门费,否则必不得进。或为之进而害之,更得罪。德宗一日制精馔,令人献孝钦,孝钦宫监索费,不之予,即不得进,使者复于德宗。德宗即日持往。及抵孝钦室外,孝钦宫监接以去。启帘之间,即置兽矢末其中,孝钦食之嗅,因白为德宗所亲献,孝钦甚怒。又谓尝闻诸匋斋端方,李莲英尚能调护德宗,不如小德张阴鸷媒孽也。此与余前所闻同。

前闻清德宗之崩在孝钦后后。兹闻诸老监云:事实德宗先崩,唯德宗居瀛台,仅长随数人,复不时更易,崩之际无人在侧。及太监入,见帝仆榻下,体如弯弓,亟白皇后,舁至内殿陈殡。或云,帝崩于刺,实以遇毒为近。

---

① 孝钦为慈禧太后谥号。

五　清初轶闻

清亡时,杭州府知府满洲人英霖,尝为余师陈先生皴宸言:"满洲相传,江南一士人入都应试,一日,有客至,衣服都丽。自言主人为豪族,主人甫下世,主人弟为政,欲为少主物色师傅,因知先生德学之懋,愿奉束脩。即置银币锦缎等而去,顾谓士人,幸即豫备,当以人静时车马来迎。士人愕然,以所置丰腆,姑视究竟。及期,客率骑而弁者八人驾朱轮两至,取士人行李于副车,肃士人登车。疾驶经重城,达一所,垣宇宽大,设备华贵。客揖士人,请就寝,命八人者谨事师傅。明日,日加巳,客从主人弟挈少主至,宾主礼甚谨,少主谒师傅如仪,主人弟谓士人:"兄亡,嫂爱弱子,幸勿挞。"殷勤付托而去。客告士人:"有需告八人者,请勿逾此院。吾日当陪少主来去。"自是,少主者日加巳至,加午而退。士人家书往来皆由客通;家月有书,言"收到束脩甚厚"。而士人饮食服用之奉亦极赡至;顾以不能逾阈为闷闷,主人弟间时来一慰劳，礼数亦渥。如是一岁，强续聘焉。时以决科为客言，客辄曰："先生何患不富贵？姑安之，未晚也。"及足三年，士人咨怨，客乃谓："主人弟已得请于主母，当送先生入春闱，报捷荣归耳。"离馆日，主人弟盛宴劳谢而别，客复送至故邸，士人诧谓："三年中不知在何世界也。"其实少主即始祖章皇帝也。

六　游南海子①

　　五年九月，以事入都。会遭国庆，许人入新华门，纵览南海。循岸东行，折而西北。过渡桥为瀛台，即戊戌政变后清孝钦显后幽德宗之所也。瀛台在水中，恃桥以渡，德宗居此，显后命卸其桥，遇谒祭乃得出。涵元殿为德宗寝宫，陈设犹如故，并寻常什器，豪族巨家，盖有过之者；左室卧炕，壁上仅幔以花布。室中御笔所书春帖甚夥，有光绪三十四年斋戒忌辰牌一面，尚悬壁间，右室壁上有程子"四箴"及朱考亭"四箴"等。出瀛台，仍向西北行，经殿阁均不能记。往观石室金匮。石室者，袁世凯预荐可继己为总统者三人，书其名纳诸金匮，藏于石室。是日门扃不得入。闻所书者为今总统黎元洪（或谓段祺瑞），及故国务卿徐世昌并其子克定也。初献此议者为绍

---

　　①　南海子：也称南苑，清朝时将该地作为专供皇室、官僚行猎和操兵习武的围场。

兴人陈毅字公侠，辛亥浙江反正时尝为军政司长者也，公侠以此被宠遇焉。室高可丈，以白石为之。费银十万，金匮盖所谓保险箱而镀以金者，亦耗五万云。抵怀仁堂，堂故仪鸾殿也。庚子毁后，乃建如远西式。其后为延庆楼，闻项城尝祀显后于此，令二故监守之，陈设并如显后时，今则荡然无所有。或谓项城卒后，其家人悉载以去。堂外有项城手植松树。有石表，四面俱刻识，南为"国会成立"四字，北为"纪念树"三字，东为"中华民国二年四月八日"十字，西为"大总统袁世凯手植"八字。字皆小篆，惟"手"字乃讹书为"毛"。是日大风雨，自辰至未始霁。匆匆过览，未赍笔札，仅记大略。

七　故宫书画

客馆孤坐，最无聊赖，驱车为故宫之游。自社稷坛而北入西华门，门西向，门内北为新建之宝蕴楼，楼南向。其东为武英门，亦南向；内为武英殿，以昔曾游览，遂不复到。西华门之东为纬武门，亦西向。其内自西徂东有桥五，以白石阑之，成偃月形。其北为门三，中曰承运，左曰缉熙，右曰贞度。自中门入，左右二阁：曰体仁，西向；曰弘义，东向，皆扃。中为承运殿，殿中凡二十四柱，四隅者不数，柱皆合抱，中六柱涂朱，上复起金龙。南向设宝座，座上负背饰黄缎，绣成中华民国国徽，即仿"虞书十二章"者也。四隅陈熏笼各一，高三尺余，纵可四尺，横二尺许，镂铜为之。内幕朱纱，中实铁管机事，以输达温气。殿门外，左右陈铜龟鹤各一。殿外左右陈金缸各二，实铜质而涂金者，皆清高宗时所制也。承运殿后为体元殿，又后为建极殿（承运、体元、建极三殿即故太和、中和、保和三殿，袁氏图帝时所易名也），殿外左右亦列金缸各二。复出承运门，而东过经文门，门东向；其北为文华门，南向；内居中为文华殿。左右二殿：曰本仁，西向；曰集义，东向。文华殿后为文澜阁，即贮书处，扃不得观。文华、本仁、集义三殿尽陈书画，略可记忆者，画则唐阎立本《职贡图》卷子，长可五尺，极异方人物诡怪之状，《画断》称立本与兄立德同制《职贡》《卤簿》等图。又不署名《秋山红树》卷子，此卷极拙，石皆无皴法，设色甚浓。五代则黄荃花卉，徐熙山水。宋则宣和御笔，及郭熙《寒林蜀道》行卷，林椿《四时花鸟》行卷，郭卷与前记《蜀山行旅图》同。然观此则《行旅图》，为摹本显然，一具神通，一滞迹象也。马远墨笔《美人望月》一帧，颇同日本人画，其题名"马远"两字则绝似吾家一浮笔。元则赵孟坚、赵孟頫昆弟及孟頫子雍、倪瓒、龚开等作，观子昂《松阴饲马》卷子，则知世传《百骏图》等，皆所谓弥近理而大乱真者也。子穆亦有《饲马图》，一马骨立就食。子固《二十四孝图》，《汉文奉亲》一幅，女官中有二人，皆冠纱帽，如剧中饰状元者所冠。圣予《中山移居》卷子，人物奇异。明则文徵明、唐寅、戴文进、董其昌、沈周、仇英等作。石田画皆山水斗方，枯硬洒落，自成一宗。实父《百美图》极精，实父画有数帧，皆以隶书题名，正与前卷所记《清明上河图》同，沪江贾人少所见，辄疑隶书者为赝作。表弟唐澄宇尝云，实父得意之笔，多署隶书，其或然与。清则王翚、恽格、王鉴、王原祁、钱维城、邹一桂、郎世宁、方琮、艾启蒙等作，盖清画最多。《烟客山水》一帧，自署曰染香遗老王鉴。麓台山水斗方至十余帧，或署名，或不署。南田花卉三帧，惟《藤花》一帧，高可丈三四尺，广四五尺。世宁《嵩献英芝图》，高广亦如之，设色鲜明，水沫踊跃之状，不殊真实。《香妃戎装行乐图》，亦郎氏所绘也。启蒙为"蒙部贡马写真"四帧，高广亦与恽画等，马各有名，曰同吉黄，曰苍文驷，曰飞霞骢，皆王杰制赞，曰箫云骆。赞为刘墉制，石庵书与世传迥殊，盖系中年笔也。方氏摹《江山千里行看》，长二丈余，其中舟小者仅五分余，坐而仰观者，立而划舟者，神态各具妙致。又有董香光抚北苑、巨然、松雪等山水册十余幅，见者疑为真迹。玄宰又题"小中观大"行书四字，字大八寸。书则宋蔡君谟行书宋之问《采莲赋》，白居易《动静交相养论》卷子及临钟繇二帖。苏玉局《画记》及《与治平院主僧帖》。黄山谷元丰二年四月为孙莘老书行楷立帧。（按：莘老为山谷妇翁，山谷又尝与俞清老同学于莘老,而此幅直署为孙莘老书,岂是时风气固尔耶?)米元章元符二年春二月望日行书卷子,字大八寸许,及《与魏道辅唱和诗》卷子,临钟帖逼真元章,有刘辰翁跋。苏《治平帖》及《画记》不类,松雪跋帖谓是早年笔也。(按:宣和三年禁称"主"字,院主改曰管句院,而此帖称院主,在未禁以前可知。)黄米《二家唱和诗》卷子最善,颇如世传诸刻,足为两宋书家之冠。元则赵松雪为道士何道坚书《洞玄灵宝自然九天生神章经》,有张伯雨跋二首,其前首署张嗣真者,后跋谓是世旧法名也。子穆亦有一跋。松雪又有《桑寄生传》卷子,悉以药名成文,体仿《毛颖传》。明则文衡山行草,长可丈四五尺,字大八九寸。清则张照一人耳,闻陈设阅时一易,或有而未列与。是日特备笔札而往,顾以不许记录,故仅书如此。

八　翁同龢《并未生事帖》

　　清德宗二十四年八月,孝钦显皇后复垂帘,德宗托疾,实幽之瀛台。是时,谭嗣同、杨深秀等既并死于法,其他罢黜者亦数十人。常熟翁同龢以大学士驱逐回籍,既而复有地方官严加管束之命。常熟循故事,月具文投地方官云:"具禀奉旨驱逐回籍严加管束原任协办大学士翁同龢禀知,本月同龢在籍并未滋生事端"云云,皆亲笔。其门下士仁和陆勉侪丈懋勋曾署常州知府,犹受其呈。

九　龚孝拱遗著

龚孝拱澄为定盦先生之子，与余外祖父邹蓉阁先生交善。孝拱挟妾居上海，因号半伦。室中古金石罗列，其所著《理董许书》，即据古金石契文以正《说文》之篆，故每言篆误。然孝拱说字多向壁虚造，偶有所中，亦不尽粹。余已悉取以入《说文解字六书疏证》中矣。孝拱之祖父为段懋堂女夫，而孝拱直斥懋堂"说文注"，不逊也。如昬字以唐讳太宗名故省作昏，段谓隶书淆乱作昬，斥五经文字之说为颠。孝拱则谓段以就其自定韵部，段书之大蔽也。孝拱书稿本中夹有红八行一纸，论□字者，有"四月十五日陪何贞老看《三笑》四月上浣"十六字，贞老何道州也，看《三笑》盖看演《三笑缘》剧乎？

一〇　曾国藩师谢安

　　相传曾国藩已克江宁，秦淮画舫，亦复麇聚，盖如承平时矣。官吏溺游，江宁知府某欲禁绝之，言于国藩，国藩欣然曰："有是哉！明日试治具，吾亦欲约诸公一游，领略其风趣。"某君因不敢治。说者谓曾以战余萧条，正赖以此招致人物。（按：《世说》"谢公时，兵厮逋亡多，近窜南塘下诸舫中。或欲求一时搜索，谢公不许，云：'若不容置此辈，何以为京都。'"曾国藩正师此意。）

一一　沈宝桢死之异闻

相传沈文肃宝桢之薨，自言为鬼索命，祷禳无所畏避，独江宁知府涂宗瀛视疾，则暂去。文肃因令涂为伴，须臾不得离。涂苦之。一日，文肃浓睡，涂以间去，而文肃竟薨。然余所闻又有怪者：故浙江候补道员某，先以知县候补江南，为文肃属吏也。一日，小感疾，若有人速之，索衣冠，服而卧。恍抵一所，殿陛森严，同王者居。视殿上坐者数人，其一故交也，余皆古衣冠。故交者即速之坐，曰："今一案正待公来判耳。"吏抱牍而登，披视则所署罪者，赫然沈宝桢也，心大动，屋宇摇摇若欲坏，强定之。即与故交者榷其事，故交者曰："此案吾数人者皆定诺，独待公判耳。"某尚持之。俄而文肃入，便服挺立廷中，气甚盛。故交者谓某曰："此公庭不宜复顾私谊，便竟其事耳。"遂按之。文肃殊不服，怒而辩。俄而群鬼来与文肃对质，乃无言。爰书既定，某亦豁然。则家人环集，谓已死一日，徒以心血未寒不敢殓耳。某便问沈制台何如,时文肃故无恙也。无何,闻文肃病,某大惊,日趋人探其耗。及文肃薨,语家人曰:"吾其死乎。"乃告其事,亦卒。不明文肃缘何得阴谴,俄而某亦卒。

一二　袁瞿之隙

　　善化瞿子玖鸿禨[1]提督河南学政,斥项城[2]不与补县学生,袁瞿之隙,实始于此,其后善化当国,得孝钦欢,项城欲排之而不得也。会善化以其先人遗册进孝钦,求得御笔,入谢,得独对。孝钦语之云:"奕劻(即庆亲王,军机首席也)声名颇不好,当令出军机;但奕劻将赐六十寿,须少留其面子,待过其寿日耳。"善化本与庆邸不睦,闻之甚喜,归述于夫人,仍诫勿泄,而夫人偶漏其语。钱塘汪穰卿丈康年,善化门生也,其夫人极好事,出入善化之门,因得闻之,语穰丈,穰丈表之于《京报》。庆邸知之大惧,谋于项城,项城告英吉利国公使朱尔典,令其夫人入觐,伺间启白:"庆亲王在军机办事甚好,何以将令出军机?孝钦云:"无之。"夫人因引《京报》言为证,孝钦

---

① 瞿鸿禨(1850－1918):字子玖,号止庵,湖南善化人。
② 袁世凯(1859－1916):字慰庭,号容庵,河南项城人。

悟由善化泄之，已怒矣。项城复召泗城杨士琦草奏劾善化，其由仅八字云："交通报馆，结托外人。"密缄封之，并封银票一万元，持与大兴恽毓鼎，语之云："封不得启。若欲一万元，即便上之。"薇孙受银，如语上其封。善化即日奉旨驱逐回籍。初，善化与仁和王文勤文韶不睦，文勤自军机出督云贵，命下日，善化令人持名刺诣文勤云："请中堂的安，问中堂的好。"盖调之也。及善化被斥命下，文勤亦使人诣善化，命之云："若往瞿中堂宅，但云：'请中堂的安，问中堂的好'，切勿多一语。"使行，复召之归云："吾语若此，汝能传否？"使述其言不误，文勤云："对了。"仍再诫之勿多言。

一三　袁项城祀孔

　　袁世凯自为总统，五年之间，凡三出邸。一自铁狮子胡同迁入中海；其二则郊天祀孔也。出则警跸严于前代，所过陈兵夹道，二卒相北。擎枪引机作欲击状，居民遥瞩，亦遭禁斥。四年上丁，亲祀先圣。惟大成殿上不设兵衙，两庑之外，并陈如道上。盖不啻以枪拟先贤，使神而有知，不欲歆祀矣。

一四　盛宣怀以贿得邮尚

　　盛杏荪宣怀[①]之得邮传部尚书也,纳赂银三十万两。初,邮尚缺,军机大臣庆亲王奕劻开单将请简,凡列资格可被命者数人,杏荪预焉。庆邸示意于众,此缺当鬻三十万。杏荪即令人请,庆邸则曰:"他人即三十万可,杏荪非倍之不行。"杏荪愤,且恃己资格最老,亦或无奈我。及命下,竟以畀故邮部司官沈云沛,而杏荪以侍郎处其下,云沛复时时扼之,益大愤,必欲去云沛而代之。复通庆邸,庆邸知杏荪之不可终屈,仍许以三十万畀之。然须现金,不纳他物。杏荪仓卒不可得,乃在天津以一夜力取汉冶萍公司空股券,杂填姓名,专舟运至上海,拟质于某外商。中途汽舟水锅忽裂,逾十日方抵沪,而杏荪事几覆败。此余闻之为杏荪运券至沪之朱某。

---

　　① 盛宣怀(1844—1916):字杏荪,号愚斋,江苏武进人。

一五　锡良之廉直

造陈伏庐丈小谈。丈为言,昔在东三省,锡良[①]继徐世昌为总督。时吾杭张金波锡銮为度支使,锡良查询前任支付,徐世昌以赠贻王公貂狐马匹及酬酢游宴之资,支用应请奏销之数达百万。锡良诘金波:"汝为度支,何致竟使滥用至此?"金波答以皆有总督手谕,不能不付。锡良令缴世昌手谕,果然。乃咨度支部请销,盖据例应不与核销也。度支部尚书载泽亦恶世昌之为人者,即据咨入奏,意亦谓照例当不准也。乃奉旨竟予核销。锡良大恚而无可如何,遂将此案通咨各省,以窘世昌而泄愤耳。(余按:锡良律己有礼,居官尚廉。尝访岑春煊,春煊贵公子,又身致方面,颐指气使,习若天性。相语之顷,侍人应命不捷,即时谩骂。锡良谓春煊曰:"何必然! 小事吾侪自为之,胜使人。若然,徒损气耳。")

---

① 　锡良(1853－1917):巴岳特氏,字清弼,同治进士。清末蒙古镶蓝旗人。

十六　侍坐杂闻

　　余问陈叔通①师丈，俞曲园②先生自河南学政谪归，以试题为"君夫人阳货欲及王速出令反"也。据先生自言为狐祟，恐抵谰耳。师丈谓先生出曾国藩门，国藩以肃顺荐起，肃顺被诛，国藩亦几不保。先生以是恐祸及。且太平天国势尚强，故欲以此去职自全耳。余因谓先生病革前之《纪梦》诗亦托之于梦耳。先生门下有章炳麟、宋恕，各有述作，先生固见之矣，故逆睹未来趋势，托之于梦而寓于诗。师丈谓先生门下有王梦薇廷鼎，据项兰生言，梦薇乃太平天国探花，状元即天南遁叟王韬，榜眼则不记矣。兰生为王叟高足弟子，故悉之也。师丈又谓李秀成亲供，向藏曾国藩家。汪穰卿尝过录一份，今二本皆不

---

　　①　陈叔通(1876－1966)：中国政治活动家，爱国民主人士。名敬第，浙江杭州人。
　　②　俞樾(1821－1907)：清代学者。字荫甫，号曲园，浙江德清人。

知落何处,《石达开供词》,附卷存于四川总督署,昔在川,遇一原籍湖南之某人,言其祖及父皆尝佐川督幕,犹均见之,然清末检之已不得。又谓曲园先生之孙陛云之得探花,实由长沙徐树铭以先生被谪案被谪,及光绪廿四年,树铭充殿试阅卷大臣,依宪纲次在第三,探花例归其擢取,故取陛云以泄宿郁。又谓谭仲修先生善骂,杭之知名者无不被骂;不被其骂者,独陆子鸿先生耳。陆先生谨笃士,实无可骂也。又谓夏穗卿每遇乡试,辄为人捉刀,自期必佳,并决其名次,每不爽也。丁道甫中式之文,即穗卿所为。

一七　瑞澂出奔

侍叔通师丈坐，因语及清季幕僚事。师丈谓辛亥武昌起义，湖广总督瑞澂之出居兵舰也，计出诸贞长。谓唐才常之变，张之洞亦然也。有张纪龄者，拍桌大骂瑞澂："身为总督，既不当走；况属国戚，应共休戚。"盖瑞澂为载泽姊婿也。

一八　杨春浦诙谐

杭州有金明斋先生者二，皆非杭人，皆与吾家往还。其一故秀水人，治金石，精于书画；其一萧山人，善刻印，然性懒，受嘱，常阅时不奏刀也。杨春浦先生尝有所托，久不报。一日，春浦先生促之，明公曰："刻刻在念。"春老曰："吾则念念在刻。"闻者皆发噱。春老以善谈名，语无不谐。丰乐桥上一茶馆，似名丰乐楼者，杭之文艺诸公每晨必聚于此，即无日不可闻得此老之诙谐也。夏穗卿丈曾佑乡试发解之年，在此楼自诵其应试之文毕，曰："非元即第二也！"及榜发，果得第二。丈故以八股文名也。

一九　二钱遗事

许缄甫言其乡先辈钱楞仙、笣仙两先生逸事。谓楞仙先生婿于常熟翁氏,时翁心存、同书父子执政,钟雨辰先生(缄甫称为湖州同乡,然雨辰先生为余外祖父邹蓉阁先生之姑子,亦先祖之同年友。其先世居杭州湖墅,后居城内东山巷,实杭州人,岂其祖籍湖州耶)调先生曰:"楞仙何愁不富贵!"先生曰:"何谓也?"雨辰先生曰:"有丈人峰也。"先生即谓其夫人曰:"汝回娘家否?"夫人曰:"岂有不回娘家者?"先生曰:"然则你今日即回去,不必再来!"夫人知其性,因曰:"吾既嫁你,唯知从你。"先生曰:"然则你从我回湖州。"即日南发。因此不与翁氏通,翁氏初使人视其女,则所居易人矣,茫然不悉所由,既而知为雨辰先生一言之故。雨辰先生以是不得与试差。故事:翰林修撰未有不于来科即得主考者,雨辰先生,清文宗咸丰九年状元也。笣仙先生好货而讳言洋钱,自扃于一箧中。季子玄同私取之,先生频呼:"吾失物矣！吾失物矣！"玄同故问失何物，先生终不言洋钱也。先生长子即念劬，亦有癖性。对先生语时，辄拼手若歌者拍板。先生大怒，自此不复与念劬面。念劬前门入，则先生后门出。先生卧室与念劬卧室相对，先生闻念劬归，即谓念劬妇曰："你们念劬归矣。"语人曰："念劬吾少奶奶之丈夫，吾孙稻孙之父也，与老夫则不相干！"（余按：念劬丈出使意大利国归，居北京，时游故海王村。着红履，被故清礼服之外套，其状甚怪，余辈窃呼为"红履公"。）其以候补道至湖北，入总督张香涛幕。时官吏出必乘轿，轿后有灯笼二，备夜行也。灯笼一面书官衔，一面书姓。丈于当书姓者，作"咸丰通宝大钱"，盖丈生于咸丰间也。然丈谙熟掌故，接后辈为忘年交。而与人谈，及父执，必曰某某年伯，某某世伯，无迳呼其字者，其笃恭又如此也。玄同丈年小于余，其始名夏，字季中。后又字季，去其"中"字。其在北京，教习于北京大学及北京高等师范学校。辄终岁居于校之宿舍，月归其家数次耳。尝谓御女不若自渎，亦癖性使然也。

二〇　前辈俭德

与邵裴子同省陈叔通师丈,而丈已往伏庐,遂亦至伏庐,智影亦来。谈及前辈俭德,通丈谓尊人止庵太世丈任汉川县时,陶子方先生升陕西布政使,过汉口,迂道访太师丈,仅从一仆,买小舟,直抵官廨,人不知其为三司大吏也。相见则各认所御马褂,犹是昔日从事杨石泉巡抚浙江幕府时同购者也。相谓曰:"即此一事,见吾两人犹未改吾素也。"

二一 《中外日报》归官办之经过

钱塘汪穰卿丈康年举光绪十六年夏曾佑榜进士，以病不与殿试。至三十年王寿朋榜始通籍为内阁中书，仍潦倒而没。丈于戊戌政变后创《中外日报》于沪，持清议，政府颇忌之。吾国之有报自《申报》始，顾于朝局无所短长。《中外日报》起，耳目一振，实革命之先导也，今乃不问椎轮矣。壬寅、癸卯之间，日报稍稍众，而《中外日报》以费绌不能支，贷于张菊生参议，得二万，约偿期。至期不如约，而菊生欲得其成局为己用，力迫不已。且曰："君能偿则已，否则以报归我。"穰卿愤而谋于苏松太道瑞澂，及江督端方，立得三万金，遂归菊生之贷，而《中外日报》自此为官物。菊生始必穰卿无以偿，得坐收其成局，既而知其事，大诧，已无可奈何。

二二　盛夔卿

　　盛夔卿为邮尚宣怀长子，仕至湖北德安府知府。多内宠，如夫人者十人。复有外妇，别营墅院居之。然夫人颇悍妒，日监视之，或使其女伴父行止。故诸妾旷不得御，有逃逸者，则复置，足其数，谓之十美。尝筑宅上海池滨桥侧，诸妾所居，并以玻璃间隔，不用木材。十室相照，举止共见，而己室居其中。意以监制，恐有外遇也。有一新宠，亦不能近。一日，夫人方迎客，伺间而往。正当欢会，其女突入，夔卿羞愤，即起驾车出门。车中连饮勃兰地①（外国酒名，夔卿车中素备此酒），兴致勃然，复往别墅续欢。俄而有促请赴宴者，则是夕方置宴妓家，已为东道也。至则为客劝饮，复进勃兰地数盏，卒然痰壅，不省人事。妓家大惧，纳之车中，送之别墅，别墅向隐于夫人者也，至是惶惧无策。驰告夫人，夫人至，则呵斥

————————————

　　①　勃兰地：今译为白兰地。

外妇，自抱夔卿，复纳车中，驰归邸第，而夔卿气如游丝。乃延德意志国医生视之，用针术。纳药水，少瘥。戒夫人曰："七日不宜进饮食，否则复病不能救矣。"至六日末，夫人忧其久饿体弱，进芙蕖实两盏，疾即复作。愧此医生，不敢复召。则集中外名医，并为束手。不得已复呼前医，再纳药水而病卒不起。死未七日，十美殆去其七。

二三　幕府才难

李义山学章奏于令狐楚，遂能词翰，事理交尽其美。然簿书往来，岂能一一被之文采，而文人倚马千言，可动鬼神，使理乡曲委琐，竟不能使情理烂然，惬人心目者，比比然也。汤颐琐丈之在商务印书馆，不得于张菊生先生，其曲不必在先生也。昔余在教部，任余友诸贞长为秘书，贞长亦以诗名者也。尝治清湖广总督瑞澂幕府。建国①初，又佐张季直为农商部秘书，复先后为浙江督办军务朱瑞、卢永祥治文书，亦可游刃有余矣，乃亦拙于此道。余既得其情，有草，余必自为，遂不复责以此道，但令代撰藻词题识及普通酬应书札而已，所以全之也。及余去部，刘大白继余任，竟不能容，贞长狼狈而去，以穷郁终。故知用人必用其所长，用故人尤当审慎之也。

---

①　建国：即 1911 年中华民国成立。

二四　李经羲

李仲轩经羲[1]总督云贵，远暌中区，外接藩领。仲轩又袭席富贵，矜负逾恒，虽居疆吏，不异邦主，颐指僚属，如接台围。然尝有所畏二僚，承宣沈幼兰、提法秦幼蘅也。幼蘅故负重名，自迤西分巡右除提法，仲轩嘱幼兰电询辎重丰啬，役使有乏，当为资遣，盖示纡尊礼贤，此为异数。讵幼蘅复词简略，仅有四字，曰"二马马二"，均不明所属，相以幼蘅博洽，必有根据。及幼蘅至省，询之，乃知谓行李仅载四马耳。幼蘅持性故僻，至是恒忤仲轩。片马交涉之亟，仲轩阴图去滇，而阳示为国宣力，致电外务部，谓将躬赴边方，与敌冲折，久不得覆。一日盛气训僚属，深咎外部，延不咨答。幼蘅即从中启曰："国家有处侮，正臣子致力之时，岂特大师当行，即司道亦视旌麾所

―――――――――

① 李经羲(1860－1925)：字仲山，又仲仙、仲轩等称，安徽合肥人。

向，谁敢后者。顾窃谓大臣为国事，不应持气乃尔。外交重情，亦岂乃尔即了。且大帅果于此行，尚不失大臣风度，则亦不须外部咨答，本司当侍鞭镫，请即日出关，亦便咨报外部可也。"仲轩为之夺气。又当宣统嗣位日，循例设朝行宫，知府家犬随入殿上。仲轩大怒，面斥县官办事不敬。幼蘅启曰："知县不能禁犬，诚为失职。然论今日大帅不敬，有逾知县耳。"仲轩既积怒于幼蘅，因有广西提学之移，阳若右除，阴利其去。幼蘅谢恩之奏，竟弹仲轩矣。仲轩一日于衙参时谓僚属曰："视吾可为南北洋否？"幼兰对云："大帅治云南政迹卓茂，冠于列省，然南北洋不能为也。"仲轩诧问何故。幼兰曰："彼为南北洋者，均所谓混帐之徒，以是知大帅不能为也。"仲轩亦无如之何。

二五　章太炎[①]

　　章太炎先生余杭人，而幼居杭州里横河桥南河岸，税王梦楼之孙小铁家寓焉。其幼病羊痫，故不能应试。长亦独慧于读书，其于人事世故，实未尝悉也，出门即不能自归。其食则虽海陆方丈，下箸唯在目前一二器而已。清末光绪二十八九年间，俄法皆有事于我，上海爱国之士日聚张园，召号民众，以谋救止，太炎与蔡孑民、吴稚晖无会不与。稚晖演说，辄如演剧者东奔西走，为诸异状。而太炎则登台不自后循阶拾级而上，辄欲由前攀援而升，及演说不过数语，即曰："必须革命，不可不革命，不可不革命。"言毕而下矣。太炎时已断发，而仍旧装。夏季，裸上体而御浅绿纱半接衫，其裤带乃以两根缚腿带接而为之，缚带不得紧，乃时时以手提其裤，若恐堕然。

---

　　① 　章炳麟（1869－1936）：中国民主革命家、思想家、学者。初名学乘，字枚叔，后改名绛，号太炎。

是时，上海所谓大报者，《自申报》《新闻报》外，有《中外日报》《苏报》。《中外日报》颇能靳骖申、新两报，不胫而走。至俄法事起，《苏报》社论时有激昂慷慨，言人所不敢言者。隐然为革命之言论机关也。一日，张园之会，演说者循例不过声名弈著之数子耳，乃忽有镇江钱宝仁者跃而登台，演说之时，创言主战，自鸣当毁家抒难，身有徒属可召而集者数千人。是日为法侵龙州事也，坐中多两广人，钱操方语，两广人多半不悉所言，见人多拍手，则有要求译为粤语者，马君武自告奋勇述焉。于是钱名大噪。《苏报》主人陈梦坡即访钱而延之寓，便策进行，余于次晚亦造焉。钱所述如昨，并树三指，以示其徒属可召而集者三千人。余察其言夸，而举动殊鄙，归与汤尔和语，其人不可信，尔和然之，然诸公群焉信之。梦坡之女曰撷芬者，尤佩敬之。既而《苏报》载太炎答《新闻报》记者一文，中有"载湉小丑"云云，清廷令苏松太道讼之公廨，于是太炎与宝仁及著《革命军》之邹威丹容并系狱。然钱卒先得脱，以系基督徒，而实乃妄人也。威丹瘐死于狱，太炎则于狱中事缝纫焉。是时，上海有所谓"野鸡大王"者，服西装而束发于顶，蓄三绺须，貌甚奇。其夫人亦豁达，非寻常闺阁中人，一时名士皆友之。时余与王小宋同一宅住，其人时来访小宋，余因识焉，遂时造其家。其人实阴怀革命之志，而鬻书于青莲阁、四海升平楼等品茗之所，亦皆三等妓女之所聚，故拥"野鸡大王"之号，其人为谁，徐敬吾也。其所鬻书，杂《革命军》等于其中，盖以是传播革命思想也。张园之会，敬吾亦必与焉。

《太炎文录续编》有《救学弊论》，多根据过实之传闻。盖所失固有，而迹其大较，则晚近学术界颇能张皇幽眇，其人固多出于学校，不可诬也。又谓元、魏、金、清习于汉化，以致覆亡之后不能复兴，以戒今人慕习远西文物为可虑。信如此说，则当仮诸蓁杯，不必从事文明矣。余昔固与太炎共鸣于《国粹学报》，彼时乃以挤覆满洲政权为职志。以民族主义之立场，发扬国粹，警觉少年，引入革命途径，固不谓经国致治永永可由于是矣。且所谓保存国粹者，非言事事率由旧章也。而论治则以人群福利为本，以共达大同为极。岂可久滞种种区分，若种若国若贵若富而不悬一共达之鹄！夫使人尽得所，生活无歉，必不为人所亡。不然，徒守茹毛饮血之俗，则太古之族存者几何！

太炎不能书而论碑版法帖，盖欲示无所不知之博耳。然所论书丹，自谓前人所未说，亦不诬也。又谓意者古人悉能题壁，题壁有力故书丹自易，此见亦佳。韦仲将题榜，身悬百尺之上，可见当时门阙扁额，皆重墨迹，且悬之而后书也，则书丹亦犹此矣。今人不独不善题壁，亦不善题襟，余尝悬纸于壁而书之，竟失平日书体，以此知米颠书从此入，大是良法。

太炎为袁世凯幽居于北京钱粮胡同时，以作书自遣。日有大书，尝书"速死"二篆，大可尺五六，悬之屏风，遂趣其长女以自缢。然此二篆颇有二李、二徐之笔意，计当不存矣。

《太炎文录续编》有《吴彦复先生墓表》，信史也。有《黄晦闻墓志》，亦信而少简，于晦闻之介无称焉。太炎之初被幽于龙泉寺也，晦闻亦有书致李仲轩，盖与余约共救之也。

从夏瞿禅假得章太炎《自定年谱》读之，其记三十一岁避钩党南渡，至台湾，谓为日本人所招。然彼时清廷实有命逮太炎，黄仲弢丈得讯以告孙颂容丈，容丈告其从妹夫宋平子先生。宋先生以告余师陈介石先生。师与宋先生皆太炎友也，即促太炎避地，乃应日本人之招耳。其四十四岁在东京时，余游日本，即往访之。太炎与其长女叕、女夫龚未生局趣东京乡间一小屋中，与余谈历数时，留余饭，犹不忍别。其饭配仅大蒜煎豆腐一味也。余劝其归，愿为疏通于浙之当道。太炎亦望归，时浙以秋霖灾遍全省，浙东数不靖，而太炎故乡余杭县亦有事，惧反为太炎累，未言，而武昌军兴矣。太炎亦以十一月归上海，寓爱俪园，余日趋与划策，会章笛秋为江苏都督府总务厅长，秘书长则应季中丈也。与余谋，欲治一日报，为革命鼓吹，延太炎为社长，即《大共和日报》是也。余旋就浙江都督府秘书，而此报遂由太炎而为其所主持之政党机关报焉。其四十七岁所记为"袁世凯幽锢"一节，称陆建章慕爱先达，相遇有礼，可谓君子可欺以其方矣。建章所杀革命党岂胜指数，乃慕爱太炎耶？建章鹰犬也，受世凯旨，世凯不敢加害于太炎，畏人以此为口实，而又知太炎书生易与，故令建章阳为慕爱而阴实幽锢。其在龙泉寺绝食，余与黄晦闻各致书李仲轩，请其为言于世凯，释太炎之锢，仲轩不敢言也。其由龙泉寺移钱粮胡同也，先住本司胡同一医家，医即建章之属也。及居钱粮胡同，一切皆由京师警察总监吴炳湘遣人为之经理，司门以至司庖，皆警厅之侦吏。太炎惧为所毒，食必以银碗银箸银匕，盖据《洗冤录》，谓银可验毒也。其宾客往来者，皆必得警厅之许，然后得见，其弟子中唯朱逖先可出入无阻。余初往亦不得入，其后乃自如。盖侦吏知余与太炎所言不及时事也。其后太炎复以郁居绝食，逖先私袖饼饵以进。太炎斥之，掷其物。比为余知，已第三日矣。余晨八时抵其寓，太炎卧重衾中，唯吸水及纸烟。时方隆冬，所寓屋高且大，不置火，以太炎谓世凯有阴谋，或以煤毒致其死也。余自朝迄更起，被大衣不敢卸，不得食，规以义，劝以情，初则百方不能动之。其拒余也，则引《吕览·养生》之言"迫生不若死"。经余委宛譬谕，旁晚乃涉理学家言，少得间矣。及更起，余见其情可食矣，乃谓之曰："余来一日矣，未有食也，今欲食，先生陪我，可乎？"太炎始诺。余乃自令其司庖者煮鸡卵两碗来。庖者以进，余即以一碗进太炎，而余不食，知其饿，可再进也，果然。及其食毕，乃辞出。其司庖与司门者，皆肃立以谢余。自此余出入益自如，而得间告以消息。会马通伯欲以其所著《毛诗》故，得太炎之审正，余乃引通伯以交太炎。通伯故炳湘乡人，又称耆宿，而时为参政，为言于炳湘，监视得少宽。而余与太炎因谋倾袁事，余以明年即为洪宪元年，故辞北京大学教授事，将南归。时有总统顾问廖容者，故余门人，曾率兵惠州，王和顺部也。容时时以读书来受益，余因嘱其归，纠旧部以讨逆。容受命，而余先行，与太炎别，太炎泫然，平生未见其若此也。自此以后，政海澜翻。太炎游说西南，不暇宁居；而余舌耕养亲，久居故都，与太炎仅二面耳。一为九年，余为外姑之丧南归，道经上海，访之于也是庐，高朋满座，皆纵横捭阖之俦也，余起居之即别。二为廿一年，太炎至北平，余一日清晨访之，以为可以叙旧语。乃太炎未起，起而盥洗事已，方相坐无多语，而吴子玉以车来速，余素不乐太炎与闻政事，盖太炎讲学则可，与政则不可，其才不适此也。徒能运书卷于口舌之间，观此所载，几若洞照无遗，亮猛（诸葛亮、王猛）复出，而其实每违于事势，然四方当局皆重其名而馆之，亦实非能尽用其言也。故观其与子玉亦若沆瀣相得，知不可谏，即辞而行。余于太炎谊在师友之间，得复一见其平安，亦无他求，而从此竟人天异域矣。今日思之，亦有黄垆之痛也。

访章太炎夫人。夫人以余与太炎旧交，述炎丈晚年以旧学不传为忧，而投贽者遂众，所进者杂，规之未能止也。炎丈既从怛化，而门下自旧日诸大弟子如朱逖先、汪旭初外，新进如潘某及某某尚可称为无忝，而率藉此标榜以为己利，尤以沈某为甚。上海太炎文学院之设，即为若辈所以为资者。及经多方经营得以立案，而若辈造为高自标榜之语，忽焉星散，如此者非一二事，未亡人以为苦也。余不详炎丈晚年事，其逝世后及门所为更未有所闻。夫人之言，必有所苦而发，记之以见学术林中亦复戈矛森立也。

三十一年四月廿二日，章太炎夫人与夏瞿禅来访。章夫人贻余《章氏丛书》三编，然皆太炎杂文，其中实多不必存者，盖酬应及有润笔之作，不免多所迁就，如太炎之文学，无此已堪百世也。及门以广搜为贵，故片纸只字，将在所必录矣。谈次，颇及炎丈往事，夫人因及炎丈被幽北京钱粮胡同时，袁世凯使其在上海之谗刺机关，多方谋致夫人于北京，自有所用意也。夫人断然不往，因以此为章氏尊卑所不谅，炎丈亦有不满之词。后虽得白其情于炎丈，而时则北京某报居然以炎丈夫妇仳离之事载矣。余乃以一事质夫人："当余十八年任教部抵都，时黄季刚①教授

——————————

①　黄侃(1886－1935)：中国音韵训学家，文学家。字秀刚。

中央大学，余于一日傍晚抵其寓，盖以与之不见数年，得一谈为快也。因询及炎丈，而季刚语余曰：'章先生甚恨你。'余愕然。余思虽与炎丈近时踪迹多疏，若言往昔，炎丈与余固信义相孚者也，何事乃甚恨余？复问季刚，亦止唯唯而已。未知夫人亦曾闻及炎丈有所以恨余者乎？"夫人慨然曰："北京某报之诬余，即出季刚。季刚好造生是非，其言实不可听，此人为文人无行之甚者。"因历举其事。有为余所知，有为余所未知者。季刚为人在其同门中，如朱逖先、马幼渔、沈兼士辈固习知之，会集闲谈，辄资以为助。忆其将离北京大学时，其同门者皆厌与往来，唯钱玄同犹时过之。一日，余往谈甚久，季刚若倾肺腑，且约越日午饭于其家，期早至为快。乃及期而往，则季刚高卧，久候而后出。时至午矣，余腹枵矣，然绝无会食之象。逮午后一时余，余饥不可忍，乃陈宿约。季刚瞠然曰："有是乎？余忘之矣！"草草设食而罢。余始信其同门之言。及其后为同门者所挤，而胡适之因利用以去季刚。季刚不善积，得束脩即尽，至是无以为行，复依余为周旋于蒋梦麟，乃得离北京也。不意又造作炎丈恨我之言，殊未悉其意之所在。

二六　刘崧生

　　智影顷语余，刘崧生病数月矣。医者疑为肝炎，不治之疾也。余于崧生相识已晚，"五四"运动时，崧生方居北京，为律师，有藉藉名。即挺身为各校被捕学生义务辩护，余钦服其人。十年六月三日，新华门之役，余为徐世昌所讼，崧生亦愿任辩护，其好义如此。越年，余乃得与交。崧生福建人，善别味，其庖丁治馔美。时广东郑天锡、黄晦闻，浙江陈伏庐丈及汤尔和、余越园、蒋梦麟，皆与崧生善。有一时间，轮流为东道，每星期一会，限费不多而馔必精美，然唯崧生与天锡家为最佳，天锡且自治馔，材料必校锱铢也。每会高谈大嚼，极酒酣耳热之兴。其后余与晦闻、梦麟皆离故都。二十年，余复至而崧生南行，不相闻问。前年一遇于道，略语而别。今闻智影言，即托转询崧生寓址，亟欲访存，而今晨读报，乃见其讣矣。回忆前情，不胜腹痛。三十年九月廿四日也。

　　刘崧生与余越园皆喜骂人，然崧生不妄骂。崧生故属进步党,尝为国会议员,然未尝就仕途。越园亦异之,近尚欲谋得国民大会代表也。

崧生、越园饮酒量皆弘。尝在崧生家,饮百廿年前绍兴酒及七十年前绍兴酒,酒皆成膏矣,非以新酒和之不能饮。百廿年者味极醇,入口几如饮茶,而齿颊皆芬。

二七　罗文干

　　三十年十月十八日，报载罗钧任没于广东乐昌县。钧任名文干，留学英国，治法律学。建国初[①]，任京师总检察厅检察长，检举袁世凯叛国称帝，大得称誉，其胆识固可服也。十年，王亮畴宠惠组阁，钧任长财政，力任整顿。而陆长张绍曾谋取王以自代，与众院议长吴景濂等以奥款事，白总统黎元洪，将钧任迳交法院看管。然莫须有之狱终白，而钧任之廉洁转为世信。其后任国民政府外交部长，特别费用余而不入私囊，则殆自来所未有。钧任与亮畴同乡同学，同得时誉，然亮畴之骨气远逊钧任也。亮畴内阁既为绍曾等所毁，钧任被逮，亮畴不能以去就争，而犹思恋栈。时余佐汤尔和为教育次长，亮畴辞职之前夕，与外长顾少川维钧等集尔和家，亮畴不欲因钧任事而去职，谓尔和曰："你是医生，当知医生以救

---

　　①　这里指中华民国成立之初。

人生命为务。余今日当以救国为先。"尔和曰:"人正
要打杀你。"卒以尔和力持,遂辞职而绍曾代理国务
总理矣。继长外交者为黄膺白郛,时膺白正寓绍曾
家,人谓膺白实与其事也。膺白就任外长后,第一件
公事即签定《金法郎案》。膺白曾语余曰:"我当时拿
笔,手为之抖。"盖虑步钧任之后尘也。钧任之狱,非
财部科长徐曙岑行恭挺身力证,几不免于缧绁。而
亮畴去职后,亦未尝为钧任力也。彼时尔和颇谋脱
钧任,故钧任与尔和交遂密。其后相偕入吴佩孚幕,
又同赴奉天,为张学良客。此后乃分道矣。钧任平
日喜语,语不避人,然率直出肺腑。抗战之始,桂军
欲效兵谏,胡适之致谴于桂军领袖李宗仁、白崇禧,
钧任亦斥适之,语严而隽。钧任故与适之善,然不阿
友也。今闻其丧,失一良友,而不得临抚其棺,怆何
如也。

二八　汤李之交

　　李拔可先生以《硕果亭诗》见贻,都二卷,附《墨巢词》。拔翁诗入宋人堂奥,评者以为似后山。其《荔枝》一绝云:

　　　　蜀道何曾听子规,归心自与水争驰。
　　　　三更失去乌尤寺,却向渝州见荔支。

　　隽永清雅,唐人风格。又有《赠汤颐琐》云:

　　　　细书摩眼送残年,皮骨绳床坐欲穿。
　　　　自笑众中能着我,不逢佳处亦参禅。
　　　　劳生已付磨人砚,世故犹撑逆水船。
　　　　上下云龙吾岂敢,相看乌可待谁怜。

　　颐琐为余父执,汤伯繁丈荣宝别号。丈为汤雨生先生侄曾孙,幼有慧性,才华卓越,与费圮怀念慈、江建霞标同学。费、江皆捷南宫,入翰苑,且载时誉,而丈阒然里閈,教书游幕,终身不得志,屈蟉叱咤,而性复难谐于俗。常居上海,为小型日报如《采风报》《游戏报》之类,日撰谐嬉之言数则,以此资生。及入商务印书馆,司文墨,生活始得安定。居馆近二十年,得积资三千银圆,乃失于兵,遂仍以穷死,年七十七矣。夫人史氏,溧阳故相之裔女,丈之孟光也。晚岁伤明,亦以穷死,后丈四年,年八十一。丈工诗,颇似其乡先生黄仲则,其集晚始梓行。余父与丈契似金兰,然无谱系之联。夫人则与余母结盟,内外之交皆无间也。余父殁前,欲托孤于丈。及卒后一年,丈自苏州至杭会葬,挈余归苏州,延刘先生题为余授课。盖有延陵挂剑之意,风谊为余所感佩,终身矢之者也。丈虽工于文,而顾拙于簿书,在商务印书馆时,治文墨每不当张菊生先生意,辄令重草,有时复草至再三,丈不耐也,则每更而愈失。时陈叔通师丈与共事,辄代为治,而拔翁亦调护之,故久于位。读此诗知翁于丈之厚。

二九　王静安①

　　□(三十一)年五月廿九日，某报载何天行《王静安十五年祭文》，意在发明静安本心不在为遗老，其死则困于贫。夫静安是否不愿竭忠清室，其人死矣，无可质矣；至于其死，实以经济关系为罗叔言所迫而然，则余昔已闻诸张孟劬，惜未询其详。后又闻诸张伯岸，则未能言其详也。静安确是学者，余于三十年前即识其人，而不相往还(其弟哲安为余同学于养正书塾者也)，及其任北大教授，复相见焉，而亦无往还。国民军幽曹锟，逐溥仪。溥仪遁居东交民巷。时议颇虑其为人挟持，余欲晓以祸福，往请见。抵其所寓，则有所谓南书房侍从者四人，延余入客室。余申来意，有满人某以手枕首示余，谓皇上正在午睡，

----

　　① 王静安(1877－1927)：中国学者。名国维，字静安，一字伯隅，号观堂，浙江海宁人。建文书店版此处年份缺失，依文意应为民国三十一年。

如有所言，请相告，可代达也。余不愿与若辈言，遂辞而出。此四人者静安与焉。越日，赵尔巽托邵伯绚告余，愿相见。据伯绚云：溥仪以余时方代理教育部务，乃国务员身份，骤不敢见也。余以次珊先生年长，遂谒之其第，然次老并未表示代表溥仪者，故余亦略申余意耳。自此一晤静安，遂隔人天，不意倏焉十五寒暑也。静安毕生态度可以"静"字该之。

三〇 吴雷川

吴雷川先生震春，余舅父邹子芟先生之内弟，清德宗光绪廿四年翰林，然绝无得色。建国元年，入教育部为金事，靖共厥位，余长教部，擢为参事。国民革命军既定南京，蒋梦麟长教部，请为常任次长。不久，辞去，为燕京大学校长，盖先生自少遇艰屯，中岁归依基督，大为同教中人信仰故也。然先生实以儒理文之，比见先生在北平所为《利与命》讲稿，其释命为环境，与余昔见相契。余昔在北京大学，为诸生讲《庄子》，颇发挥此义，庄子所谓命与孔子、孟子同。墨子所以非命，正以其主张天志明鬼不相容故也。特先生未悟环境之"命"字当作"令"，命乃假借字耳。比又闻先生研究墨子与耶稣，谓耶稣之本旨，不在创立宗教，实欲改建社会，趣于共产主义，故揭平等博爱之旨。先生年七十矣，老而笃学如此。其行谊尤有足传者，平生谨予取，一介不苟。十年前，以窘乏而又病心藏重症，不能事事。余为书告其门人邵元冲、赵述庭等，元冲等乃共醵资奉之。先生初不肯受，后乃曰："存之，待吾必不得已而后用。"而其佣文子者，一家依先生食，先生先急文子而后己，尝与余言："人皆相需，吾与文子正相需也。"陈伏庐丈先生之从姑婿也，久居北平，一岁南行，请先生为守其平寓，先生即与丈之佣者共饮食，盖实信理而能率履者也。

三一　马君武[①]

　　马君武死矣。三十五年前,余佐邓秋枚治《政艺通报》于上海,君武与马一浮邀余同游西湖。时值暮春,自上海乘轮船至杭,君武、一浮同寓于斗富三桥河下一过塘行中。时杭州唯有爵禄客栈较大,其他皆逼窄不堪居也。次日买舟至茅家埠,遇雨,君武、一浮遂宿云林寺,余独归。转眼三十余年,一浮避兵入川,君武还广西,长广西大学,不通音问。君武长余四岁,一浮长余二岁,彼时朱颜绿鬓,各自负以天下为任。乃一浮寻即自匿陋巷,日与古人为伍,不屑于世务。君武西游,留学于德国,及归而与政,然所成与余相若,实皆未可以为有利于天下也。辛亥之冬,与君武晤于《民立报》馆,时皆访于右任也。十五

---

　　① 马君武(1881－1940):清末民国时诗人,翻译家。原名道凝,字厚山,改名和,字贵公,号君武,以号行,广西桂林人。

年前复相见于北京，君武少年，风姿映丽，至此憔悴非复当年之俊矣。君武少孤，事母孝，然有断袖之癖。唐桂良语余，君武之董君①，君武市妇人服，使夕而衣之，俨然处子也。君武初在上海时，必与国是之会，其演说辄有三件事，每拳而初伸小指，继以无名指，再伸将指，数而说之。余屡试不爽也。

---

① 董君：汉哀帝的男宠董贤。

三二 王文韶

　　清末故相王文韶,字夔石,与余同籍故杭州府仁和县,然知者谓文实江苏嘉定人也。以进士起家,官至武英殿大学士,致仕。其在户部郎署时有声。曾国藩总督两江,赵惠甫烈文在幕府相论朝事,曾独称之。其为人尚圆到,故官湖南巡抚时有"琉璃球"之目:言其内明而外圆也。以此,居朝亦得与权贵相安。庚子义和团之变,夔丈任军机大臣。领班为荣禄,慈禧后内侄行也。一日,荣禄先至,见载澜一摺,极言夔丈媚外不忠(载澜者,端王载漪党也),荣禄遽匿其摺。丈至,按目索此摺不得,自语曰:"尚有澜公(时载澜位公爵)一摺何在耶?"荣禄语之曰:"你不用管,丢不了的。"及入对,荣禄出载澜摺进之,奏称:"载澜荒谬之至。"慈禧怒视夔丈,而语荣禄曰:"这人靠得住么?"荣禄曰:"他人臣不敢保,王文韶必无他,臣愿以百口保之。"慈禧曰:"那便交给你,"时夔丈耳已失聪,不知所云,面若含笑,随荣禄叩首而出。荣禄以语人曰："此人生死在顷刻间，不自知也，亦大可怜。"然戊戌政变时，上海电报局总办经连之与汪穰卿丈康年等以电报达军机处有所白，军机处无有司收发电报，皆自总理各国事务衙门转呈。时汪伯棠大燮为军机章京，见报，遽改穰丈等姓名，陈燮丈，谋保全。燮丈询荣禄："如何处置？"荣禄曰："斫了！"燮丈曰："万寿在即，以此奏，恐有碍；且电中具名者，虽称浙人，然余皆不悉，此辈无知妄为，不足大惩，不如将经道（时经连之以候补道任总办）革职以示警。"荣禄然之，事遂已，其所保全者甚大。丈年逾七十，请致仕，得许。故事宰臣致仕，地方长吏巡抚以下备大学士仪仗郊迎送至里第，丈自上海乘铁道至嘉兴，改由水道进，不愿劳人也。已还第而巡抚始得报，盖犹有古人风矣。

三三　朱彊村　袁爽秋

吾浙归安朱彊村丈祖谋以词学名海内，其身长不满五尺，手指纤白类妇人，语声清细。其官礼部侍郎，值义和团之变，慈禧后实主之，而端王载漪以子立为大阿哥（清语①称太子为大阿哥），倚势用事，内结宫廷，外煽团民，故祸至不可收拾。当炮轰使馆界时，慈禧挟德宗御殿，召大学士以下至九卿集议。吾浙尚书徐用仪、侍郎许景澄、太常卿袁昶皆抗言拳民不可恃，不宜轻启衅端，皆被斥责，竟死柴市。彊丈亦力言其不可，其语多乡音，慈禧不能谕，注视不已，然无可罪之，幸而免。太常字爽秋，桐庐县人，其始在朝，日者言其当被刑祸，栗栗然惧。出为芜湖道，尤恐，以外吏易迕误也。尝制一囚笼，每日必一入其中以厌之，乃复归朝籍，意谓当无虑矣，然竟被大辟。

---

①　清语指满语。

三四　大茶壶

　　督办吉林军务孟恩远，出身行伍，初不识字，及贵，能作大幅虎字。十一年冬，王宠惠内阁提出辞呈于总统黎元洪[①]，黄陂召集国务会议，辞职者均不出席，各部惟陆军总长张绍曾至焉。余由次长列席，余以教次厕之，无事可议，遂成闲谈。有言及恩远者，黄陂曰："这是大茶壶！"盖恩远故微贱，曾操役于浴室，曩时小报曾有记其事者。

---

　　① 黎元洪(1864－1928)：北洋政府总统。字宋卿，湖北黄陂(今武汉市黄陂区)人。因此，下文黄陂即指黎元洪。

三五　程砚秋

　　听歌于中和园，汤尔和、金仲荪在焉，中和台柱为程砚秋，砚秋之歌，婉转促顿，固自别有所长，其最佳处，纳音至于塞绝，而忽悠扬清曼，仍如高山坠石，戛然而止，真有遗味者矣。砚秋为清宣宗相穆彰阿之曾孙行，穆相权倾一时，然至砚秋兄弟，已无立锥之地，其母鬻之伶工，罗掞东喜顾曲，爱其幼俊，为之脱籍，且教之焉，遂擅艺誉，今已压倒南北剧界矣。砚秋事母至孝，推产赡其兄。

三六　张伯岸

　　张伯岸之铭，宁波人，以贾起家，创实学通艺馆于上海，而嗜藏书，初藏于日本，毁于大地震，今其上海所藏书，亦数万卷。伯岸年七十矣，藏书无目录而随手可以检得，老而忆力犹强，可羡也。伯岸示余所藏《民报》末期，止章太炎之应付《民报》被封时数牍耳。中有标语六，其三有中华帝国之名。盖太炎初旨止在覆灭满洲政权，君主民主非所顾也。

三七　烟霞洞罗汉

杭州城西南烟霞洞,亦游憩佳处,惜为闽僧学信点缀恶俗,惟春初梅开之际,尚可驻足耳。洞中有十八应真千官塔,皆吴越古迹也。相传罗汉旧只六尊,见梦于吴越王,乞为完聚同气,王为补刻其十二。(按:净慈寺罗汉其始止十八尊,吴越王梦十八巨人而范其像。南宋时,僧道容增塑至五百尊。清咸丰间寺毁于兵燹,诸佛俱随灭度。)然此二事相类,岂传闻有岐耶?又《冷斋夜话》载临川景德寺有禅月所画十八应真像甚奇,而其第五轴,亦见梦一女子求引归,女子果于邻家门壁间得之。此事在吴越王后,然则应真固善示梦,而事又相类,当补入同书。

三八　中和园听歌

金仲荪约在中和，观戏曲学校学生王金璐之《连环套》、赵金蓉之《奇双会》，《奇双会》比去年程砚秋所演相去远矣。金蓉本宜于青衣而不宜于花衫，又拙于表情，亦以其年龄关系，有体会未切者。金蓉今年约十七矣，貌不若往年之静穆。往年余观其演《孔雀东南飞》，亟称其幽娴得体，书《孔雀东南飞》诗贻之，奖励之也，今日之作似无进于昔焉。剧中饰风神者，持旍而不展扬；又风神转述李奇所唱时，音乐之助不力。盖当以音乐助李奇之唱，而风神扬旍以示所唱之播传。去年所观砚秋演时即如此，大有意思也。压轴为金璐之《连环套》，金璐近投杨小楼之门，故一一唯小楼之是师，至并小楼晚年来倦眼朦胧之状亦效之，其实小楼中年丧于酒色，又服阿芙蓉膏，故至目损耳。金璐此演大体神似小楼，然皆到七八分，后轴神力俱疲矣。

三九　三贝子花园

北平西直门外农事试验场，俗称三贝子花园，亦名万生园，即故可园也。周可数里，有池阜之胜，花木蓊郁，垂杨最佳。东为动物园，有虎、豹、狮、狼、熊、象、斑马诸兽。狮子与世所图者迥异，惟与文华殿所陈清陕西将军阿尔稗绘《狻猊图》相似，阿尔稗盖写生者也。羽族中鹦鹉种极夥，形色皆至丽。西为植物园，有楼曰畅观，清孝钦显后尝临幸，故游者皆趋之，余所不至也。

四〇 欢喜佛

昔记京师雍和宫欢喜佛事，未能详也。刻观李湘帆《金川琐记》云："夷地多喇嘛寺，大者殿宇如浮屠，中间空洞直上，四方重檐叠拱，塑释迦像一如中土。余俱塑欢喜佛，多至千百，皆青面蓝身，作男女交媾状，机捩随手展动，不穿寸缕，或坐或立，丑态万端，却未见有卧像。清净祇园，不啻唐宫镜殿。询之喇嘛，云：'是佛公佛母。'然何必描抚床笫秽亵至此。男女身有缨络宝玉嵌饰，兼以骷髅作杂佩，或缀垂马缨；身下衬藉者，亦莫非骷髅。更有所谓牛头大王者，形如夜叉独立。诸欢喜佛间，瞠目注视，似未得其偶。"（按：雍和宫欢喜佛虽不多，而状一如此记，然则仿西域为之者耳。）

四一　岳飞善处事

　　岳武穆《满江红》词固脍炙人口矣，然以其忠义奋发，不仅为词采而已，其诗固平常宋人句耳。其驻兵江渚时，江禁甚严，有毛国英者投诗云："铁锁沉沉截碧江，风旗猎猎驻危樯。禹门纵使高千尺，放过蛟龙也不妨。"武穆笑曰："此张元〔昊〕①辈也。"即召见，以礼接之。使今之武人遇之，谁理此辈，驱为元昊之续矣。且今日固未尝无此辈，特不必以诗投耳。

――――――――

　　①　指张元、李昊。

四二　墓上植梅

　　林和靖居孤山，以梅为妻鹤为子，死后因葬其处。故千年来，鹤虽已去，梅固未芟，然非植梅于墓也。余于廿六年植梅于二亲冢域，而有句云："从无坟上植梅花。"后知杨雪渔太世丈师殁后莹兆植梅。今读《随园诗话》，则平湖张香谷临终有"清魂同到梅花下"之句，盖以与其兄敩坡友爱，而敩坡先殁也。敩坡之子即于墓旁种梅三百树，则又先于雪师墓矣。恐古人尚有先于此者，余读书不广，而记力复弱，武断如此，可愧。

四三　朱天庙

英玉欲赴梅白克路松柏里朱天庙进香，嘱余为导。及至其处，烛火香烟，目为之眩。英玉徼余同拜礼，余不从。问以何故须余同拜？则曰："拜菩萨必须偕人同拜，否则来世将作孤老。"可笑有如此者。朱天大帝者，实即明崇祯皇帝也，故塑像右手持环，左手持棍。邵裴子说："棍以象树，环以象结绳，正似思宗自缢也。"惟此间庙像颈悬人头一串，杭州无之，此不知何人妄作聪明也。杭俗祀朱天甚虔，持斋一个月。杏媞谓上海人持朱天斋，世世相传，不得废也，否则有灾。余谓此皆居丧不食酒肉及示子孙不忘之意耳。亡国之君乃受顶礼如此，岂思陵功德所及哉！亦以蒙古蹂躏华夏，杀戮淫污，皆至其极，朱氏覆之，夜而复旦，故思之不亡。而思陵虽亡国，所遭既惨，又代明者为满洲，不异蒙古，遂使人恋恋于朱氏。

四四　官僚解

今人斥人为官僚者,恶之之词也。然凡作过官者皆目之为官僚,虽于名义无碍,而实不同。盖斥之为官僚者,言其以官为业,去此不能生活,而其居官则唯诺以保禄位,无所建白,故可恶也。

四五　谈月

　　夫月最动情,令人百感横生,然余以为最好相对淡然而不动虑。清辉互映,胸襟无滓,则真不妨百回看也。不然。圆缺怨欢,与为循环,亦竟无谓矣。昨与智影看月后有诗意,今起即为之:

　　　　狂风逐湿云,片片东西飞。
　　　　去散风亦止,一轮自东移。
　　　　企望心自急,珊珊来何迟。
　　　　接目何团圞,投怀尽清辉。
　　　　娟娟复皎皎,此乃姑为辞。
　　　　仪态竭万方,谁能写多姿。
　　　　多姿复岂弟,蔼然如母慈。
　　　　万物各自照,无择为不私。
　　　　对此豁胸抱,澹澹无所思。
　　　　惟念同情人,此际忘其疲[1]。
　　　　清露倏已下,勿使沾肤肌。

　　　　自注:[1]智影言归后尚须续看。

四六　梦中诗

七月十七日晨梦中得句云：

庙堂无善策，清野有遗贤。

丝发回翔地，江湖浩荡天。

乾坤终日战，何事小儒悁。

补首二句可成五言律诗。

四七　可异的政令

　　至吉祥园听戏，以谭鑫培曾孙百岁，今日出台演《碰碑》也。百岁视叫天颇能具体而微，异日必有成就胜其祖也。（鑫培子小培远逊其父，能继鑫培者，小培子富英也。）吉祥悬有公安局一区署取缔奇装异服办法若干条，盖本之南昌行营。其原意在纠正风化，故所列各条中多关女子服装露体方面事。服装与风化如何关系，姑不置论，女子服装之不雅观者，如上衣短衣，不能掩裤腰，复不着裙是也。至于今日装束，实不甚奇异，其奇异者，必带西方意味。然其办法中明明示人曰："着西装者，听之，但不许束腰。"于是所谓摩登女子，类变而服西装，或在不中不西之间，而托之西装，其露体更甚。故取缔如此，而放任如彼，不知用意果何在也。且名取缔而实只可不闻不问，盖亦有格于势而不能行者；假令必行，其骚扰何如，此真中国之政令也。北平市直隶行政院，不在所谓剿匪区域之内，而奉行南昌行营之令，亦可怪也。抑服本国之装,小有变通则目为奇异而加取缔,而服西装则任之,是无异令人当服西装也,可骇已甚。服西装则形形色色,益增奇异,固不待论,而在冬令,衣料必多取诸外国,此亦无异为外国推销其产物也。呜呼,今日政治所急,本不在是,而一令之出,曾不三思,可谓未读《霍光传》者也。

四八　刍荛者言

廿四年七月五日访宋仲方，仲方告以谣言或七号夜当有变。然既为人所知，当无虑矣。仲方又谓："王克敏北来之前，曾与黄膺白、何敬之商榷对日之策，终以抗御不能，承认侵地不可，仍止支节应付一法。"然而支节可以日生，应付岂有既耶。当国府移宁之际，余即以为内政当定国是，外交当定国策，两者皆以从速调查研究入手。此事当以建设委员会任其策画，政治会议决其行止，总之，必使有通盘大计，然后政治方入途轨。十七年，曾劝张静江先生不必办事业（时静江长建设委员会，方揽办电气、筑路事），宜筹建国大计，政治会议不当仅为因应之机关，宜设各曹，审定国计，时静江方有所避，不敢当此任。后二年，政治会议虽设曹司，尚非如余之旨也。曾几何时，而国势陵夷，至于如此。回想收复汉口租界时，作何感想耶？仲方又谓："监察院将劾汪精卫、黄膺白、何敬之及殷同等，以权辱国罪。"呜呼，果有其事,直儿戏耳。夫监察院之精神,早已磨灭尽净,亦可谓未曾实现;因有监院以来,问狐狸者固数数见,而豺狼则未之问也。此次北陲之事,论理当劾,而当劾者岂仅此数子耶?且在此时而有此举并不足以示惩戒,而内政外交之纠纷益起。呜呼!好为门面事,亦吾国人之习性也。余以为此时止宜认识某为真正辱国者,不复使之得政,而切实筹定国计,而励行束湿之治,以科其效。监察院于国计既行之后,执法而绳,择豺狼而诛之,则狐狸自安于窟穴矣。

四九　姑妄记之

　　同县吴子抱言其外祖于太平天国军陷杭城时，为所掠榜。诡云有窖银在某处，军酋遣小卒二人挟之往取。欺卒使舍兵器，揖地丈余，故无银也。卒既在坑中，即取兵杀之，覆以土，亟逃窜。会暮，遥见前途有灯光，往依之。至则有四人据桌为由吾之戏（由吾，赌名），四人者顾之，皆无善状。既而叱令蹲桌下，为搔腿。为一人搔则三人者各以足蹴之，怒其不为搔也。乃以两手迭搔八腿，不得休息，体亦惫且僵矣。俄而天明，乃无屋宇，亦无桌屏。身在荒野，四人者皆死尸，横陈于侧。其腿上无完肤，皆爪迹。己爪甲中则腐肉满矣。

五〇 锦城行记

廿五年十月廿七日晨七时,自北平赴成都,乘欧亚航空公司六号小型机出发。飞空约千米远,途次俯观,所经皆平原,田畴皆无所植,而田方甚为整饬,土色甚丽,略如今西式建筑中地板之用各色油木砌成者。村落如棋布,每成方形,余以为此非偶然,盖今之村落,即古在部落,实即城邑之雏形,其制由来久矣。凡村落率有树围之,所谓境界林也。村落中屋宇道路亦甚整齐。九时四十分过彰德府城,城为长方形,城内屋宇亦整齐,仅东北隅有少许空地耳。城有水环之。十时二十分,过卫辉府城,东南北为等边形,西北少鼓出,城内屋宇不及彰德之整齐,空地亦多,屋宇约占五分之三而强耳。十时三十分,抵郑州五里堡机场,更乘十九号大型机。小型机中才有客座三,大型机中设备尚佳,椅子可坐可躺,前后二室,共十二座。十一时十分自郑复发,高度已渐增至二千米达,所过皆山。十二时四十分许过华山,适当

其颠，峰势奇伟，率皆峻削，城绝壁之上有屋宇焉，惜
飞度甚速，不能徐览也。午后一时二十分抵西安之
西郊，西安城有内外，内城甚大，屋宇道路亦甚整齐，
新建筑物少而翘露，乘客抵此可以进食，但须先语侍
者，以电报相约，俾得豫备。余因不觉饥饿，徘徊于
机场四周，遇工人方执炊者，与之语，问岁何如，曰：
"大旱。"因指四周曰："皆不能下种。"问粮价几何，
曰："四等面须卖二元二毫，盖一斤之数也。"观其以
干稻叶为薪，问其此间皆用此以炊耶，曰："煤贵耳。"
遇陕西省立一中学生三人来观飞机者，询其对于学
校满意否，曰："那能满意，不过较前稍好耳。"三人皆
甚有礼。二时，由西安再发，高度渐升，二时三十分
达二千六百米达，所经山巅，草木黄翠，阴有积雪，旋
复升至二千九百米达，旋竟升逾三千米达，气候渐
寒，云飞于下。三时经过一处，有水道已涸，而绵亘
甚长。将抵汉中，复经过一处，亦有河流，而山皆无
峰，亦无草木，似经冲刷然者。三时廿八分经一处，
群峰历乱，而巅树葱郁，青翠之中，间以绛黄，俯视如
观五色鸡冠花，极为美丽，有水道极长。自此而西，
高度渐降。三时三十分为二千六百米达，四时降至
二千米达。又经一处，河流甚曲，水浊，山原皆经耕

种。四时五分飞度降至一千八百米达。旋复渐降。自此而西，水道弥多，草木皆绿，俨如春日。四时二十分经一县治，其西为河，西南有桥五孔，有大道在其南，自西而东。四时三十分经一河，自南而北，水色甚新。自北而西，村落渐密。至四时四十分，则道上有人力车往来，知抵成都矣。四时四十五分抵成都城岩凤凰山下，自北平至此约二千七百公里，去其逗留者八十分时，实行八时四十分时，计每分时当行五公里又二分之一而弱也。机中所苦惟耳如雷鸣不绝耳。入城，寓东胜街沙利文饭店，城内道路尚好，皆以三合土涂成，胜柏油路也。道路亦洁，闻系责成居民逐晨扫除，故官无所费。此二者皆杨子惠督川时政绩也。

沙利文为军政界要人所设，每日皆有宴集，游伎亦穴其中，喧嚣聒耳，睡不得安。余喜早起，至此则七时后兴，侍者枕藉户外，鼾声相和，呼之不能起也。欲盥不得。移寓则新式者皆犹吾大夫也，旧式者则皆偪而不洁。

游市，闻此间古玩铺皆在忠烈祠街，遂尽阅诸铺，颇多哥瓷大印泥盒，然旧而完善者少，余得其一，乾隆仿成化也。别得成化哥瓷笔筒一，雍正花瓣式水器一，与余北平所得同形，而色较深。钟式水器一，道光时物。小盘一，铺人以为明瓷。可信，惜釉经擦损，不甚泽矣。此数器仅费银币十余元，在北京至少五倍也。然有一浅绿水器，亦明瓷，谐价不得。其实亦止索十余元耳。

成都市廛略似杭州，而住宅且似苏州、绍兴。巨室皆为台门，多悬板刻门联。或横匾额，皆吉祥语。有以匾额为庆祝者，皆悬之大门以内，此俗余初见也。有一宅，门户已仿西式建筑，而额上书"初哉首基"四字。市中男女头缠白布或黑布者甚多，黄任之"蜀道"以为盖古遗俗，或以为始于为诸葛武侯服丧者，则不必然，盖实以气候关系，以此护首耳。

蒋养春来，偕游新西门外草堂寺、浣花祠、工部祠，二祠皆在草堂寺右。寺中楠木甚多，川中产此最富，故巨室率以楠木为之。浣花祠有额曰"簹室英雄"，大为滕妾吐气也。工部祠中奉子美，左祠黄山谷，右则陆放翁，皆塑像，尚不甚恶，当有所本也。寻清以前石刻不得。寺祠今方设保甲训练班，神龛以外皆卧具也。辛亥吾浙光复后，学宫亦如是。大成殿外两庑皆置寝器，先贤木主不可复睹。死者固无知，若有知，当叹与衣文绣以入太庙而复弃诸涂污以供樵牧之践者何异耶？世间荣辱恭敬，皆狐埋狐搰而已。以不便周游，遂折而至西门外，游丞相祠堂。其前为昭烈祠，昭烈祠两庑皆祠昭烈臣僚，昭烈、武侯塑像皆俗甚，武侯之像，竟不如剧中所饰，尤较温雅也。再经南门，至东门外，竭于望江亭，即薛涛故宅，涛井在焉，今名郊外第一公园，修竹丛生，高蔽云日，境尚悠闲，惜未整理，小贩卖食物者川流不息，极扰清谈。

出成都北门，过驷马桥，传系司马相如遗迹。游昭觉寺，寺建于唐，旧名建元，其大殿梁上有吴三桂署衔之题。寺藏有陈圆圆制贻丈雪和尚鞋子一双，鞋颇长大，今人不能用也，有吴炜夫为丁稚璜绘像，神气蔼然。此老之为忠良，于遗像犹可见也。有丈雪、破山两和尚行草遗墨刻石，书皆佳，而破山为尤。有朱德未入共产党时所书扁额，将为丛林掌故矣。此寺为四丛之一，寺产亦富。

刘航琛来，语川情甚悉。航琛方掌财政厅，言川省人口约七千万，国省两税年约一万万而余，是平均每人担负不及一元五角耳。吾杭市内人口五十万，而市政府收入二百万，平均每人须纳四元之税，而其他缴纳于省国者不与焉。然则川人宜苏于杭人，而川人之苦若甚于杭人者。县中附加捐增于正税者数十倍，闻某县政府修理公署亦有附加捐。往年防区制之下，军人皆可征税，搜刮甚到，至连营长亦拥资百万，则民尚得不苦耶？

赴吴又陵之约，晚饭于其家，八时许归。途中无灯，不辨所向，然有路灯捐也。往日晚归，皆由养春、寿椿以汽车相送，故无黑暗之感。今以人力车，车亦无灯，遂如入地狱矣。

昨饮吴又陵家，章衣萍携川刻《绿野仙踪》见贻。此书旧与《金瓶梅》同称淫书，向见小石印本，未之读也。今晨客来不绝，不能得治他事，遂取此书择其要目观之。其写何公子与金钟儿及温如玉与玉钟儿已秽亵至矣，乃写周小官与萧蕙娘更甚。而羽士与翠黛尤甚，不啻观秘戏图也。岂独少年人阅之将为伐性之斧，即中年人亦岂可阅！不知作者何心。或谓此书描写"酒色财气"四字，而于色字尤极力烘托，然笔墨并不甚佳。金钟儿以一死了之，岂不大妙，再生为蛇足矣，然旧小说往往如此。

《水浒》中潘金莲呼西门庆为达达，顷见某报有文，考为蒙古语。以《绿野仙踪》有亲达达，及达达与妈妈对举者考之，则达达即爸爸或爹爹之转音，闻川伎呼狎客于淫亵时亦如此。然军官学校成都分校副主任马君弼语余，其乡呼父为达达，君弼故陕西籍，清初徙于川之绵阳，足证余说非臆度。

成都饭馆以荣禄园最为道地，今则以姑姑筵为最时髦。姑姑筵者，乃川俗小儿相嬉，掬土为蔬，若相飨者也。此店主人遂取以为名，盖取嬉戏之意，亦谦辞也。主人黄晋龄，由仕而隐，以此资生，故即于其家设座。每日仅应一席，必须预定，亦不得由客择菜；资须预给，每餐自三十元起，烹调则主人与其子妇及女司之，殊与寻常饭馆不同，不失家常风味。然余未觉其美，或非川人故也。然如"不醉无归""醉花楼""醉沤"皆其支流余裔，而有市味矣。

孟寿椿侍其尊翁来，偕余赴灌县视察都江堰，自西门出，经郫县而西，抵崇义镇，已为灌县境。过郫县，即见远山为云气所笼，渐近则山头积雪皓然。及过崇义而西，重峦叠嶂，迎人而崎，即青城山脉也。抵灌县城外，市廛甚繁，经太平桥而入城，桥跨浽江，自二郎庙分流入内江之水上，江声可闻，水色澄碧。至县政府西之水利局少竭（歇），换滑竿赴二郎庙。滑竿者，以两杠缚竹坐具，乘之以登山。其坐具编竹如帘，长二三尺，宽尺余，四角缚于杠上，人在其中，半坐半卧，下山上山，随势皆正，前悬以木，可以安足，殊便山行。《汉书·沟洫志》："山行则梮。"《严助传》："舆桥而隃岭。"服虔谓"轿音桥，谓隟道舆车也"；臣瓒谓"今竹舆车也"；余谓梮即轿也；韦昭曰："梮，木器，如今舆床，人举以行也。"韦说最明，滑竿当即梮之遗制。

出灌县西之宣威门，经玉垒关，过禹王庙、纯阳观、慈云洞，抵二王庙。二王庙即二郎庙，以兼祀李冰父子，故号二王。其实离堆祀李冰，此祀其子。故子居正殿，而冰乃祠于寝殿也。

相传泯江汜滥，秦时蜀守李冰父子乃将灌口一山凿断，使上游之水至此分为两派，一南行为外江，一北行为内江。而内外支分条析，灌溉川西数十县，民生以给。故川人神之，以配夏禹。其凿断处，号为离堆。有庙祀冰，号伏龙也。

堆之西有土石突出，下断上连，以水面下视则似断，其实必不断也。堆形似象，而此似象鼻，故人号为象鼻子。

二郎庙大门以内有石，刻"深淘滩低作堰"六字。又有一石刻"深淘滩，低作堰；六字旨，精可鉴；挖河沙，堆堤岸；砌鱼嘴，安羊圈；立湃阙，留漏罐；笼编密，石装健；分四六，平潦映；水画符，铁椿见；岁勤修，豫防患；遵旧制，毋擅变。"又有一石，刻"深淘滩，低作堰；遇湾截角，逢正抽心"。此皆老于河工水利者，特书以诏示后人，今观其形势，犹如所言。而"深淘滩低作堰"六字尤为要诀。盖淘滩不深，则沙石阗积，水易横流。作堰如高，则水大时为堰所阻，水势愈猛，易趋于一道，而溃决反多，下流受溉之处或偏于少，或偏于多，是仍为患也，不审此见然否。庙内灵官殿右廊有匾二：一书"书如其人"，一书"纯正不回"。上有方朱印，文曰"严武御书"。此岂杜工部府主之严武耶？何以称为御书，不可解也。又有一匾，为邓石如篆书，其文曰："六二，鸣谦贞吉。象曰：'鸣谦贞吉，中心得也。'九三，劳谦，君子有终吉。象曰：'劳谦君子，万民服也。'"大殿悉以楠木为之，柱逾合抱，高可五六丈。闻殿毁于火，此犹近年新建者也。中祀二郎偶像，两眉之间，复具一眼；夫舜重瞳子，由《书》①言明四目而附会，姬文四乳，亦张其词，固未必重瞳四乳也。二郎具三眼者，意状其治水有特见耳，亦未必三眼也。然检小说《封神传》中杨戬号灌

① 《书》指《尚书》。

口二郎神，亦三只眼，戬携哮天犬，使三尖刀，此庙殿前亦陈铁铸哮天犬、三尖刀，则此神又是杨戬而非李冰之子矣。然李冰父子有此功绩而不见《史记》《汉书》，何也？垂之方志，盖自传闻，余疑实即鲧、禹父子事之讹传。禹生石纽，正是蜀地也。庙依山，其上则祀老君。守庙者为道士，然则乃羽流中之无识者，妄以附于封神榜中之杨戬而铸犬与刀耳。老君殿最高，本可望江流全景，乃为乔木及建筑物所障，不能尽览为恨。大殿后有木主甚多，皆昔之治此间水利者，惟丁宝桢有塑像，塑不甚好，与昭觉寺吴焯夫画像相较，此都无是处也。

出二郎庙而西，半里而近，有绳桥，共列七排，每排十五丈，或二十丈，盖长半里而强。绳绞竹为之，巨可拱把，上铺木板，旁设绳阑，宽约八尺有奇。故桥毁于往年二刘之争，刘湘既逐刘文辉于桥南，遂焚桥。去年始复，费竹一○九四五○根，石七三五九五方尺，石灰五八五八二斤，木九九○○○根。余等乘滑竿过桥，而步行以还。在桥上观江流派别甚晰，水声工工，夺道急下，而水则浅青，激浪成白。水中卧竹龙（笼），即所谓笼编密石装健者。川富于竹，竹性坚韧，编成数丈之笼，而装石其中，以弱水势，然年必勤修，盖水急力大，不易以新，不能持久也。

归途观离堆，以水利局同人邀饭，虽方午后三时，草草一览而行。盖川俗日食二餐，午前十时午后四时也。饭毕，谒灌县县长吴君，方午睡，朦胧而出，余本无意谒之，寿椿以吴乃其乡人，不宜过门不入耳。县府大堂犹同清制，公案帏以红布，锡质砚与山形笔架，又触余目矣。其西为民、刑事犯拘留所。刑事拘留者未见，盖不使得与外人相面也。民事拘留所见一老妇、一中妇、一童子，余心恻然，不知童子所犯何事也。四时归，六时余抵成都。朝夕往返二百四十里，又得从容游览，无汽车安得办此耶，科学之利如此。以明晨即有军官学校成都分校演讲之约，不得留而登青城山也。

五一　论书绝句

余自幼好书，垂老得法，廿六年丁内艰，读《礼》[①]之暇，成《论书绝句》二十首云：

其一

辗转求书怪尔曹，可曾知得作书劳。

好书臂指须齐运，不是偏将腕举高。

其二

近代书人何子贞，每成一字汗盈盈。

须知控纵凭腰背，腕底千斤笔始精。

其三

曾读闻山执笔歌，安吴南海亦先河。

要须指转毫随转，正副齐铺始不颇。

---

① 《礼》指《礼记》。

其四

仲虞余事论临池，翻绞双关不我欺。
亦绞亦翻离不得，郑文金峤尽吾师。

其五

柳公笔谏语炎炎，笔正锋中理不兼。
但使万毫齐着力，偏前偏后总无嫌。

其六

笔头开得三分二，此是相传一法门。
若使通开能使转，是生奇怪弄乾坤。

其七

横平竖直是成规，蝾叟斤斤论魏碑。
我谓周金与汉石，何曾平直不如斯。

其八

偏计方圆是俗师，依人皮相最堪嗤。
金针度入真三昧，笔笔方圆信所之。

其九

三字尤应三笔殊，须知莫类算盘珠。
纵教举世无人赏，付与名山亦自娱。

其十

书法原从契法传，奏刀起讫断还联。
断处还联联处断，莫轻小字便连绵。

其十一

为文结构谨篇章，写字何曾有异常。
布白分间同画理，最难安雅要参详。

其十二

意在笔先离纸寸，此须神受语难宣。
无缩不垂垂更缩，藏锋缓急且精研。

其十三

北碑南帖莫偏标，拙媚相生品自超。
一语尔曹须谨记，书如成俗虎成猫。

其十四

古人书法重临摹,得兔忘蹄是大儒。

赝鼎乱真徒费力,入而不出便为奴。

其十五

瘦硬通神是率更,莫轻罗绮裓公精。

承先启后龙藏寺,入手无差晓后生。

其十六

名迹而今易睹真,研求莫便自称臣。

避甜避俗须牢记,火候清(从)时自有神。

其十七

漫从颜柳度金针,直搏扶摇向上寻。

试看流沙遗简在,真行汉晋妙从心。

其十八

六代遗笈今尚存,石工塑匠也知门①。

唐朝院手原流远,可惜规规定一尊。

自注:①魏碑刀法即其笔法。今河南刻工下手即如魏碑，故伪石遂众。余藏有唐高宗辛未伊州塑匠马报远书《天请问经》，规矩俨然。

其十九

唐后何曾有好书，元章处处苦侵渔，
佳处欲追晋中令，弊端吾与比狂且。

其二十

抱残守阙自家封，至死无非作附庸。
家家取得精华后，直上蓬莱第一峰。

五二　余书似唐人写经

得龙瑞书，谓曾参观敦煌石室藏经，见宋人作书，颇类吾父。何故？

按：见余书者皆谓似唐人写经，其实得其法耳。余固未尝临唐人写经，且以其为彼时院体，并非上乘，未尝贵之也。然敦煌藏经皆唐以前物，瑞言宋人，误闻乎？或所见有六朝刘宋时物耶？

五三 严嵩书

　　杭州城西湖栖霞岭下岳鄂王庙①内有严嵩和鄂王《满江红》词石刻，甚宏壮。词既慷慨，书亦瘦劲可观。末题衔华盖殿大学士。后人磨去姓名，改题夏言。

---

　　① 岳飞(1103－1142)：南宋抗金名将。字鹏举，孝宗时，追谥武穆，宁宗时追封鄂王。相州汤阳(今属河南)人。

五四　黄晦闻书

　　黄晦闻书学米南宫[①]，但得其四面，即骨筋风神也。学米而但具此四面，无其脂泽，将如枯木；但具其皮肉脂泽而无此四面，便成荡妇。若但具皮肉筋骨，而无脂泽风神，亦是俗书。后之学米者，总不离乎俗。学之弥似而俗亦弥甚。世有叹余为知言者否？

---

　　① 米芾（1052－1108）：北宋书画家。初名黻，字元章，号襄阳漫士、海岳外史等，曾官礼部员外郎，人称米南宫。

五五　鲜于伯机①书

鲜于伯机书以雅胜松雪②，张伯雨不及伯机而尤雅于松雪。余所谓雅者，以山林书卷为主要对象，有山林书卷之气韵，书自可目。

---

①　鲜于伯机（1246－1302）：元书法家、诗人。名枢，字伯机，祖籍渔阳（今天津蓟县），生于汴梁（今河南开封市）。

②　赵孟頫（1254－1322）：元书画家。字子昂，号松雪道人、水精宫道人，中年曾作孟俯，湖州（今属浙江）人。

五六　于右任①书

上海西爱咸斯路（今名永嘉路）一店中，有镜框中盛于右任书陶诗一幅，余每过必伫观之。盖与予称其杭州湖滨题碑字相类，真迹也。然谛视此为绣成，工手亦不恶矣。近有两派恶书，即学右任与康长素者也。于、康字皆不恶，康犹胜于远甚。然二人似恃其善书，有玩世之意。亦有所作随意为之，亦入恶道者。故其流遂致于此。

----

①　于右任（1879－1964）：原名伯循，陕西三原人。清木举人。长于书法、诗词，著有《右任诗存》等。

五七　张静江①书

张静江能画。画胜于其书,书仅具赵松雪面目耳。十六年,静江忽起兴卖字,即日登报,稿犹余所润色也。数日间即来求者不少,静江在政府也。于右任能书,自谓其书如梨园之客串。其书实有自来,而太无纪律,摹古自造,亦两不足。然余颇许其杭州西湖之滨所题六十八师阵亡将士纪念碑,颇有米意。其近作转不如前,由太随便也。右任亦以在政府故,求书者委积。上海市中招牌,每见右任题名,乃几无一真,且竟有不可示人者,然得之者皆堂皇高悬也。

① 张静江(1876—1950):浙江吴兴(今湖州)人,原名增澄,又名人杰。出身巨商。

五八　沈尹默[①]书

　　与智影访沈尹默，尹默出示其近年所书，有屏四幅，尹默自许为可存者，余亦仅许此四幅，以为伯仲米虎儿，然虎儿亲承海岳之传，于海岳书若具体矣。海岳直欲凌唐入晋，而虎儿局促唐人辕下，仍是宋人面目。且其骨气不清，则子不能得之于父，殆天也。尹默此书面目极似，而于虎儿终须以兄事之，盖笔中犹若夹杂也。余以为尹默他日即以此跨虎儿而上之。若去此便反落虎儿局中，不得出矣。尹默作捺脚时，时类海岳，由同其用笔方法故也。尹默又示其所临褚河南《孟法师》《房梁公》两碑，以此见尹默于书，正清代所谓三考出身。于右任尝比之为梨园之科班，而自比于客串，亦非轻之也。余则若清之大科耳。盖余抱不临之旨，偶事临摹，终页即止也，况终

_____

　　① 　沈尹默(1883－1971)：中国书法家、诗人。原名尹默，字中，号秋明，浙江吴兴(今湖州)人。

篇三复耶？尹默今犹勤于学褚，其论河南实冠有唐一代。余谓颜鲁公、徐季海终是开、天以后作者，不得至开、天以前，尹默亦谓然。余谓河南书《梁公碑》乃属晚年，固有史实。然即书而审之亦然，尹默亦与余同，谓倪宽赞非伪，特非晚年书，此与邵裴子见异，而余同意于尹默。尹默作书，无论巨细，皆悬腕肘，然指未运，故变化少，其论中锋仍主笔心常在画中，特以毫铺，正副齐用，故笔心仍在画中，此在六朝碑版中观之亦然，若《郑文公》《金石峪》，余终以为指亦运转，而副毫环转铺张，笔心在中，蔡伯喈所谓奇怪生焉者，必由此出也，此则止能各由其道矣。在尹默处得观影印本晋唐以下墨迹，不觉喟息。盖余近年所收此类尽付劫矣，尹默赠余米海岳书《元日明窗墨迹》影印本，自此又得与老颠日亲矣。

五九　陈老莲①画

　　四年十月，京师中央公园开书画展览会，凡七日。余以第一日往观，所见有陈老莲人物一帧，画一宰官高坐，执笔吏人数辈侍焉，相皆奇古，冠服大似日本古装。有一葫芦，口上出人半身，对宰官若嬉笑者。初不明何意，次日偶翻《酉阳杂俎》，乃知所谓"傀儡戏郭公"也。

---

　　①　陈老莲（1598－1652）：明末画家。名洪绶，字章侯，号老莲，诸暨（今属浙江）人。

六〇　马阮画

《随园诗话》记宿迁女子倪瑞璇嘲马士瑛、阮大铖云："卖国仍将身自卖，奸雄两字惜称君。"余谓卖国者岂有不兼卖身者，抑且卖身而国从之，国乃其媵器耳。

六一　二张画

在九华堂裕记见张善孖、大千兄弟合作《虎图》四幅，大千补景者。善仔画虎，自是今之名手，然少韵致，亦由欠生动也。此四幅虎皆瘠，盖听经而不食生者欤？又有大千所画仕女一幅，衣褶有大病，面貌则非古非今，又体肥而短，举止之状亦不大方，似一闺婢耳。大千以画负当世盛名，然气韵不厚，模古有余，自创不足；骇俗有余，入雅不足。

六二 溥心畬画

　　侍陈伏庐丈，并偕邵綗老至中山公园观心畬爱
新觉罗·溥儒之画。余观心畬画，此为第三次。心
畬以故王孙，多见宋元名迹，故其画以宋元为面目，
而以天姿济之。初出问世，自具虚中，俄为流俗所
赏，以并蜀人张大千，号为"南张北溥"。品乃斯下，
全趋俗赏矣。夫奖掖人伦，足开风会。如朋党相举，
则离道以险。若心畬者，不复自抑，则返朴无期，歊
气日盈，天机自浅矣。

六三 笔墨

作书不必择笔,亦不可不择笔。笔之佳处,婀娜刚健四字尽之。墨须现磨,须光绪十一年以前所造所谓本烟者方可用,然仍须质细胶轻。唐宋之墨,今不易得,往年见福开森有李廷圭一定,然未辨真伪。闻袁钰生亦有此墨,惜未见。明之程君房实为佳品,然亦不易得矣。凡墨,用前须薄漆以防水润,否则致墨易伤,漆墨亦难,太薄则仍失其作用,稍厚又泥笔,不可不慎。余已受其弊矣。磨墨须时时四面调换,务使保持平正,随磨随拭,不使墨上沾水,以免伤墨。且使墨汁清细,不致胶笔。墨汁浓淡,以墨汁滴于纸上,检其晕化,若入纸全化者,自未浓也。必须渐化而汁凝于中,观其色已与墨色同,即可用矣。若落纸不化而凝者,太浓,必滞笔矣。磨墨须注意手法,不使忽轻忽重,用墨亦用其清浮于上者,若其沉淀,则徒损笔而碍使转。醮墨须令墨汁入于毫之全部,即所谓笔头全部通开也,且须令墨饱于笔。日本墨近未用过，不知佳坏。高丽墨则用过，所谓翰林风月者，实不中用。其敝如今所谓洋烟制墨，且不黑也。然或更有佳墨，余未之见耳。安南墨据佩英言亦如翰林风月也。纸则新者嫌涩，然旧纸亦不易得，止须质细而坚，墨入而不润，笔过而不留，金笺徒供美观，藏金、虎皮、珊瑚、染色皆是备品，不足传久。砚则但须坚润质细，不伤笔墨者，如唐宋澄泥及端歙之佳者皆可。砖砚不可用，虽古砖亦不可也。

六四　高句丽[①]笔

余觉古人所用之笔极须研究。魏碑中有许多笔法，以今笔试之不得。于是有将秃笔书者，有将笔头略焚或小剪用之者，无非欲求抚写，皆得其形肖耳，或谓此乃刀法也。果然耶？余疑亦有笔之制作关系。如余近用高丽人某所缚之笔，便觉曩时以为日本制笔较胜于吾国所制者，此又超胜之矣。吾国制笔，以狼毫为最柔矣，然使转犹不能尽如意也。且制法亦不讲究。日本制者，制法较精，而毫并不甚佳。以之模摹晋唐人书，自较吾华制者为胜，然偏于强，故得劲，而使转亦不尽能如意也。高丽所制，余初用者为一寓天津之高丽人所制。由邵伯䌹先生代使为之。然仅作中楷、小楷者二种。其后高贞白向汉城永兴堂购来赠余者，亦中楷笔，以余作中小楷时多也。伯䌹所使为者，毫色如吾国之所谓紫毫，然细

---

①　高句丽：高丽之别称，朝鲜史书中多见。

如丝发,柔于狼毫,露出笔管一寸以外,通开及管,而悬肘运指用之,无不如意。永兴堂制者,色近狼毫,而柔过之,用之亦使转如意。凡晋魏名书中许多笔法及姿态,皆可自然得之,故知有不关笔法而实笔使之然者。

六五　黄晦闻遗砚

　　晦闻遗砚大小廿六方，由其如夫人送来，嘱为代觅受主。汤尔和选其蕉叶白一方，背有晦闻自为铭曰："不方不圆，亦毁亦完，如吾砚然。"晦闻自道矣。馀由余送往伏庐，由陈丈召厂肆估值与之。其中半月形一砚，本系余家旧物，乃晦闻乡贤明代李云谷所遗，有云谷之师陈白沙隶书铭词，屈翁山跋之。余昔为跋而乞陈弢庵、朱彊村、马通伯、章太炎、杨昀谷、吴纲斋、诸贞长、马一浮及晦闻题之。晦闻卒之前岁，乞于余，余举以赠。不意晦闻遽下世，而此砚又将流落人间，然余以避嫌不敢取也。伏丈乃为复从肆贾购之。贾见其残，亦喜即有受者，遂不僭价而复归于余。盖砚本规形，残及半矣。

六六　程君房墨

　　袁钰生善鉴藏,其所蓄墨可值十万。钰生亡后,已有愿易价者。余与陈伏庐丈、陆季馨合购其程君房制万历御制墨玄玄室六根清净及方于鲁制者各一。余试之,玄玄室最佳,御墨次之。研时皆不起沫,其黑如漆而入纸。方制研时起沫,盖漆重也。色亦黑,但以比程制,则方制油重,略有浮光,然以比昔日伏丈赠余之永乐墨为佳,永墨坚而不黑也。此数墨臭之绝无味可得,其性静矣。程制御墨质不如方制之细,玄玄室则质色又在二墨之上。又分购得曹素功制"康熙耕织图"二方,较明墨次矣。

六七　元椠《琵琶记》

　　吴瞿安梅得元椠《琵琶记》，乃常熟钱氏故物，有钱谦孝章，盖蒙叟昆季行也。展转入士礼居，荛翁亲识其后。复为端方所得，陶斋以赠翁传，末有松禅老人题识，乃戊戌五月归田前笔也，此书椠不见精，惟与流传本颇异，顷为吴兴刘氏景刊矣。书装二册为一椟，椟以楠，上刻识亦精。以陈简庄经籍跋文称荛翁以香楠椟藏宋本《周易集解》及宋本《尔雅疏》，镌题目一一精良，则此椟亦为士礼居故物也。

六八 《荡寇志》

　　枕上阅《荡寇志》，此书俗称《后水浒》，于《水浒》似有续貂之病，且笔墨亦未能及也。然是有所托而为之者，虽不能及，而视今之诸武侠小说，终胜之耳。特收束处殊为画足。作者亦当时通人，艺术思想甚为发达，所述战具如奔雷车之类，竟如现代武器中之坦克车、机关枪、高射炮，亦奇思也。余觉旧小说如《封神榜》《西游记》，皆事托迂怪而思有独到，《封神》有反对独夫之革命思想，《西游记》明是演佛法以唐僧当净识，亦第八之本体，悟空则第八识之功用。猪八戒、沙和尚喻第七、第六也。《封神》及此书所言战具，虽事实不可同日而语，而理想与现代科学家相近，使作者生于今日，受科学之陶镕，必有惊人之发明，尤如此书之作者，实以物理之根据而体验其奇逸之思也。

六九　狐异

往闻江苏承宣署有大仙楼,遇布政使有升迁,即现异征:楼门凡中左右各一,平日扃之,中门忽开则使升巡抚,左启升漕运总督,署使真除,则启右门,历试不爽也。清末,陆钟琦升山西巡抚,中门忽启;然自此门即不闭,盖是年武昌起义矣。兹复得四事,其三陈丈仲恕说,其一叶丈浩吾说。陈丈云:富阳人陆某,求是书院开始第一班学生也,后毕业上海约翰书院,清末以六品警官供职京师,以信耶教故,无异种信,其初至京,居某处,屋故有大仙,而陆不之信也,一日,倏有大石自空而坠,几中其颠,人谓之曰:"君不信大仙,今验矣。"陆曰:"是石也,安知必为渠所致乎。"言未已而又一石至,陆犹强项不信。是夜,门无故自开。翌日,陆自以木石塞其门,及旦而木石如故,门已失所在,陆乃异之,走语其友魏冲叔,冲叔亦不信,曰乌有是,偕往觇之,冲叔睹石曰:"是乌足异,若此石能自窗孔入者,乃异耳。"言已而一石果自窗孔入，冲叔惧而去。自是或掷自鸣钟于水缸，或塞裘袍于小瓮，败物甚夥，乃循俗祀之而已。丈又云：杭人某，奉母以居，而不信狐之能仙也。其赴春官试，尝挟数百金，必置秘戏图于其中，盖闻有铁板数者，能算取人财，以此压胜也，一日，狐以稻草为箸置几上，设于其母卧榻前，盖若供牒者然，又列秘戏图焉，其母见之大怒曰："是欲咒我死耶，且又乌得是物。"挞某无数，某呼吁而告冤于人也。丈又云：某遇一狐友，能饮，相对设盏，不见其形而盏屡空。且善谑，某自以为得友。其后，某出贾，其妻乃画一八卦，悬之床上，盖惧狐之来也。然狐初故不至，及是，狐至谓某之妻曰："吾与若夫友，甚相得，且助若家致温饱，如某事某事，皆吾阴助以得利也，若何为为此，谓吾将不敢至耶？今来语若者，所书八卦有误耳。"词已即去，妻顾视八卦，果有误也。某归，狐不复至而家日落。叶丈云：民国三年，上海英国租界地名麦家圈者，有居民某姓，其老姬取衣凉台，撷领而尘挞之，盖去尘也。忽有北方妇人声曰："汝奈何挞吾臂乎？"老姬大惊，呼少妇至，告以故，少妇曰："乌有是，若误聆耶。"即闻答曰："我实在此。"少妇询以自何处来，曰自山东某县来，且非我一人，我家全在此矣。自是，风传某家有狐仙,税务使英人裴某闻之,躬访察之,甫至,即闻曰:"裴先生来矣。"继而数英人至,皆立道其姓氏、职业无讹也。如是旬余,忽谓某家曰:"吾与若缘尽矣,今且移至某地,自此与若别矣。"后遂无异。

七○　狐祟

因记狐异，复忆一事，同县袁文薮毓麟，故居杭州城内广兴巷，屯纸为业，一日，纸堆之中，忽然火起，顾亦无所毁损。人知其为狐祟，而文薮是时方主无鬼之论，邀韩靖盦澄同观之，果非传者之谬也，因吓之曰："如不即戢，将控诸城隍，火竟不戢，且四面磷磷，此止彼作。"二人惧而并去，而袁氏之业自此衰。此文薮目击，可为传信。

七一　熊十力①奇疾

　　沈瓞民来。与瓞民不见三十年矣。瓞民长余八岁，然神气甚佳，眉有寿相，谈及吾宗一浮，知与熊十力同任复性书院事于重庆。十力治哲学、通佛理、又精儒家言，欲贯通之，而有抑扬，大抵以儒佛为胜。平生有奇疾，终日立而不坐，冬不能御裘，虽居北平犹然，不然则遗精也。今乃病愈，可喜。

---

　　①　熊十力（1884—1968）：中国学者。原名升恒，字子真，湖北黄冈人。

七二　弘一预知寂期

　　弘一法师俗姓李，吾浙之平湖人，而世居河北，家世富贵，其名字屡易。余于其友冯某知其善书，篆隶皆擅胜一时，而力于魏碑，《中外日报》封面，即其手笔也。时为清德宗光绪二十五六年间，其字叔同。叔同善音乐，出入勾阑，昵一妓，妓亦善书，致相得。后忽游日本，仍研求音乐。归而清社已墟，遂执教于杭州第一师范学校，颇为学生宗仰。易字息霜，既而厌世，披剃于杭州虎跑定慧寺。后游锡福建，往还闽浙，居泉州开元寺时为多。三十一年十一月十一日夏丏尊来，以弘一圆寂告。弘一贻书与丏尊告别，谓将以某月日离世间，而缺其月日，寂后告丧者为补具之，乃旧历九月初四日，即今历十月十二日也。世盛言高僧预悉死期，若可定以晷日者。其实神明之士自知魂魄盛衰，则死可预测，若必期以晷日，乃传者神之耳。使弘一告别之书传之后世，亦必以弘一自知寂于九月初四日矣。余方寄弘一诗求书，托丏尊转投，计时未达而弘一已寂，可谓缘悭。

七三 出使笑谈

清季始建三品以上大臣出使有条约各国，即驻其都。开府设属，其次有参赞等官。遇贺节庆，出使大臣率参赞以下朝焉。杨枢使日本时，一岁，朝元旦。凡朝，日皇南面立桌内，使臣去桌丈许，北面三磬折，毕，趋至桌前，日皇已举手待握，握毕，使臣侍立于桌侧，申言随使各官同贺之意，即依次唱名。参赞以下随唱前谒，礼如使臣。凡握手尚右，以左为亵。参赞汪度，误举左手，日皇因不与握，度不知也。杨枢大惊，阴撼度右臂，意其能觉，而殿陛平滑不利立，中国衣冠峨博，辄易致蹉跌，度为枢所撼，即俯仆陛上，大失仪节。日本每岁有二节，春日樱花，秋日菊花，大集百官，张宴玩赏，各国使臣以下咸得与焉。然宴皆立食，肴馔别贮大盆，各自操刀匕，就盆割取。相与先占席次，后往取馔，往往得食失位，得位失食。中国礼服峨博，不利操刀匕，率不得食。得之缓者，食甫及咽，而日皇已传警跸，扈从而出，亦不得饱。

欧美人又善侮谑，每以残骨置中国官礼冠内，朱缨污损，归者辄生悔恨。而中国官戴翎者，游览之际，昂首高瞩，翎扫欧美妇人乳上，亦为所恨云。

七四　力医

　　林琴南语余,清德宗末年疾甚,诏各省进医,琴南乡人力钧(其子业新医,尝与余同事国立北京医学专门学校)尝进御。归言:太后南面坐,德宗西面坐,力钧跪而请脉,良久,起奏太后曰:"皇上圣体虚弱,须进补剂。"太后严色云:"若知虚不受补否?"钧复奏:"少进毋妨。"太后云:"汝慎之。"钧谨诺而退,汗浃背矣。

七五　李秀成义子

杭州云林寺(俗称灵隐)西有永福寺,游人不易至也。余尝与马一浮访之,寺僧仅一人,年近七十,名忘之矣。自云俗姓沈,绍兴人,幼时为太平天国军某将所得,携至苏州,忠王李秀成纳为义子。秀成义子凡三,而沈最幼。王有夫人三,而沈隶正室,颇得怜爱,予果下马一,每晨骑而游。至玄妙观前进羊肉面以为常,人呼之为三殿下。沈犹能略言府中事,谓忠王府为江苏巡抚署,柱饰以龙,王颇为苏人所喜,夫人亦慈。李鸿章攻苏州,王遣散眷属,沈从□王郝□□至嘉兴①(姓名、地点皆记不真矣),降于鸿章,鸿章赏以三品冠服,今其卧室中犹存此冠,导余等观之。又导视一龛,龛中供神位,署曰"先考忠王上秀下成"云云。又尝于佛龛屉中出小册相似(示),所书

---

① 此处脱字依文意似为纳王郜永宽。

皆太平天国诸王、诸将及女丞相傅□□①及洪宣娇等姓名。余尝摘记之，今不存矣。沈以竹木制为刀铍等器，时时舞之，盖幼时所习也。沈自道披剃之由，以降后还故籍，取妻，有子矣，而病，病中梦观世音菩萨告以不出家且死，遂为僧。沈主持此庵，一切身任之，至七十后始纳一弟子。余于十六年后未尝至寺，沈当已寂久矣。余见沈时，沈已有精神病，自称玉皇御妹夫，自书玉皇妹像，奉之卧室；又从云林寺山门至其寺途中，亦常有所画像也。

---

① 此处脱字依文意似为纳王傅善祥。

七六　李叔同一言阻止毁寺

与夏丏尊谈及李叔同，叔同以富家子弟，挟绝世聪明，初则比伍优倡，终乃投迹空门，苦行向老。十六年，何应钦率东路军入浙，时中国共产党方与国民党合作，其政治主张灭毁宗教，故一时寺院僧侣无不惶恐。叔同正游杭州，即召其昔日教授浙江第一师范学校时之弟子宣中华至虎跑寺语以不可，寺院因得不毁。中华语人曰："生平未尝受刺激如今日之深者。闻李先生言，不觉背出冷汗。"盖叔同有一语，谓"和尚这条路亦当留着"也。余谓叔同唯此语为阻止毁寺有效之言，中华所谓受刺激之深者亦指此言。即此可明人各自私自利，此念一起，任何可以牺牲矣。夫佛法最重利他，而世之僧侣唯求自度。其所以利他者，亦唯以法耳。受人供养而无所施舍，偶有施舍皆小惠耳。余尝谓使僧侣真明佛法，决当弃袈裟，投数珠，而从生活实际上解决众生之苦恼。不然，彼过去千佛，最大功德，不过开山传法，而活地狱依然历劫不毁。以叔同之聪明，使不仅求自度，其功德必不仅保存一地之寺院而已。且彼时寺院之得不毁，亦非中华一阵冷汗所得收效。正亦因缘多方，时势为之。此后果得保存，永历未来乎？然保存之又有何益于众生。宣中华者，诸暨人，闻系中国共产党中央委员，亦其浙江党部之领袖也。然是年中华由杭州至上海，未达而遭捕，竟死。后数年，余从表舅梁西仲之女，岐祥、屺祥姊妹，以共产党关系被拘于北平公安局，累月不得释。余乃为营救。既出，谈及共产党，岐祥表妹谓："人言中华之死，由你致之。"余甚异焉。余绝对不主以暴行加于人者，况陷人于死乎！往在北平，中国共产党领袖陈独秀自上海来，主东城脚下福建司胡同刘叔雅家。一日晚饭后，余忽得有捕陈独秀讯，且期在今晚。自余家至福建司胡同，可十余里，急切无以相告，乃借电话机语沈士远。士远时寓什方院，距叔雅家较近，然无以措词，仓卒语以告前文科学长速离叔雅所，盖不得披露独秀姓名也。时余与士远皆任北京大学教授，而独秀曾任文学院院长。故士远往告独秀，即时逸避。翌晨由李守常①侨装乡老、独秀为病者，乘骡车出德胜门离平。十三年，余长教部，内政部咨行教部，命捕李寿长。余知李寿长即李守常之音讹，即嘱守常隐之，守常亦是时北平共产党部领袖也。余时虽反对共产党暴动政策，然未尝反对纯正之社会主义，十五年中华以清党故离杭州，亦未知如何，竟被逮而致死。其人颇有才，更惜之也。

———————————

① 李守常(1889－1927)：中国无产阶级革命家，中国最早的马克思主义者，中国共产党的创始人和早期领导人。原名耆卓，字寿昌，后改名大钊，字守常。

七七 书法要拙中生美

书自悬肘来之拙是真拙，非不知书者之自然拙，亦非知书者之模仿拙。自然拙不美，模放拙反丑。近世如何子贞之小字，确是腕肘并运，五指齐运否尚看不出。包慎伯似兼运指者。

七八　劳玉初[①]先生遗事

在伏庐晤傅沅叔增湘,以名山胜水一册见惠。谈次,沅叔谓:"少年时,曾以吴挚父先生之介,入直隶清苑县劳玉初先生幕。县幕月致薪水之养银十两。劳以余薄有文名,且得挚老之介,特年增二十两,盖殊遇矣。"又谓:"玉老以循吏称。然其在清苑,则县署几为民毁。由玉老不信神,而县适遭旱,乡人击鼓鸣锣至县署,舁所事神,强县官叩头求雨。玉老以非列在祀典者不拜。始,玉老禁祀五通,民间讹传玉老为信耶稣教者,至是相持,民遂鼓噪,既毁大堂,复毁二堂,幸亟退避,乃及三堂而止。"伏丈因举玉丈以知县到省时,李鸿章总督直隶,李视其人如乡曲老儒,薄之。意其不习公牍文字,颇致戒敕。玉丈所对,径斥督署幕府。李瞿然惊,诘其何指,玉丈即举

***

① 劳玉初(1843—1921):中国音韵学家,汉语汉音提倡者。名乃宣,字季瑄,号玉初,浙江桐乡人,生长于河北。

象魏所县以对，李乃改容。询其曾读何书，则列举以对。明日，便下扎令办牙厘局文案，美差也。伏丈又举玉丈任吴桥县时，遭义和团过境，直隶总督裕禄，以令箭使办供应，玉丈不谓然，而势不可违，乃电禀山东巡抚袁世凯，以"义和团过吴桥，即抵鲁界，逾此之责，不在吴桥"告。袁覆电谓："义和团当拱卫京畿，若逾此而南者，必系诈冒，可严惩不贷，余亦当率师北堵。"玉丈乃据以布告，少滋事者即诛之，先谓之曰："若系真者，不畏刀枪。"然自无不即时殒命者。虽少滋杀戮，而大局得以保全，亦丈应变之功也。又举玉丈清末还浙时，浙江巡抚将聘丈为浙江大学堂总理。浙江大学堂者，故乃求是书院，浙江新教育机关之首创者也。是时，院生皆浸润于民族、民权之义，每发于文章。院生中有杭州驻防人，所谓旗籍生也，摭拾文字以告其营之豪者金息侯梁，息侯即代为文以上于巡抚。一日，巡抚任道熔屏仪从，骤至院中，托言参观，巡视讲堂宿舍，壁间布告皆录之。复索诸生肄业文字，亲携以去。越数日，则尽率司道府县至院，昭告众人，谓有人密告，院生有逆道文字，公然宣示，监院为之魁率，故余于某日来此察访，并携诸生乂字监院告条归而详览，毫无所有。当此之时，尚有挑拨满汉意见，而兴文字之狱，实非国家之福，不可不惩。即令仁和、钱塘二县，将院中旗籍诸生，勒归其营，令杭州府谒告将军，请其严惩。始出所怀物，令司道以次阅毕，乃交监院阅。时，伏丈正为监院，至是，恍然前此巡抚轻舆而至之故。其密揭中于伏丈致憾尤深。伏丈乃注意诸生，详察之，果有李斐然、史寿伯者，曾为《罪辩》一文，而史文光为之修改者，其文已展转入玉丈手矣。伏丈乃即偕高啸桐先生至桐乡玉丈家中乞观其文，玉丈谓："文可观，但不能持去，余亦决不令此文入他人之手，待余至院时，当毁之。"后玉丈过嘉兴，即当啸桐先生面火之，此与杭州革命历史上极有关系。孙江东、李斐然、史寿伯皆余友，而寿伯较密，是时余尚肄业养正书塾也。然此事以余闻于伏丈之弟叔通吾师者，尚可补遗。此事由孙江东偶于暑假中以《罪辩》文为诸生消夏之课，有施某者作以质江东，江东圈其文自首至尾不绝，但直勒其文中"本朝"二字，而易以"贼清"二字，学监徐少梅先生得之，以示金谨斋先生，两人皆以持正自命。而谨斋尤喜事，即持以语劳玉初先生，玉老老于吏事，知可兴大狱，即置其文于靴筒中，而以词缓谨斋，然风声已远。院固有满洲学生，尤悻悻。巡抚任道镕闻之，以询玉丈，玉丈阳为不知，但曰："吾自当查。"其实丈已毁之矣。谨斋知之，颇不平，玉丈谓之曰："此何等事，君欲杀数十年少耶？于君果何益？"事亦已。然余闻"贼清"二字，乃寿白文中所用，或江东据以易施文耶？惜余未尝面询寿白，而江东则下世久矣。玉丈为余舅母之弟，而少居余外家杭州大东门双眼井巷邹氏，余母又为玉丈之母之义女，彼时余年未冠，虽曾拜玉丈，亦未请也。丈桐乡人，名乃宣，以进士出任知县，由吴桥知县行取御史，又出为江苏提学使，后赏四五品京堂，入为资政院议员，清亡，居青岛，以遗老终。其学长于算术、音韵、法律，为人勤谨，清之循吏也。

七九　蓉阁先生投赠诗册

陈伏庐丈使送余托代求俞阶青章式之题余外祖邹蓉阁先生在衡友朋投赠诗册来。邹氏世有文学，先生困于科举，肄业国子监，为管监大学士汪由敦所识，而总不得志，乃隐于簿尉间。其任金山县典史，署其厅事曰："三间东倒西坍屋，一个芝麻绿豆官。"可以见其风趣矣。此册子为公内外交游投赠之作，余以阶老之祖曲园先生与先生为姻家兄弟，而式老长洲人，蓉阁先生曾任长洲县典史也。读式老题，乃知式老亦出曲园之门。其诗注中述及曲园曾有题余外家全家忠节诗，则余尚未于《春在堂集》检之，余止读得俞君所为余外家《忠节录序》耳。式老之考据必精，于此可见。余幼时于遗箧见俞君所书《金缕曲》词廿四阕，盖寄余父者，余父亦尝于训诂之学有所纂辑，如《任氏钩沉》之例，不审曾肄业曲园否耳。

八〇　吴观岱之成名

徐北汀来，谈及其师吴观岱先生幼年家贫，而性喜绘事，父令习酱园业，不喜，为父所逐，寄食邻家。后至某氏，主人怜之，仍劝其习业资生，观岱执意不愿为他业，主人乃出一名画，姑使抚之，则毕肖，因令居其家，而告其父，令从师，父犹不可，乃商其叔父，始从潘某学，月由其叔父供束脩，一日，其师持银一圆，令白其叔父易之，谓系赝鼎也。叔父不认，师亦不受，观岱往返其间，既愤且耻，遂不复学。而游装潢家，观所裱佳画，辄归抚之，久而装潢家厌之，不许其入观，谓之曰："吾家所裱画，佳者若皆有临抚，主者责吾借予君也，此后君可在室外观之。"然观岱画已有成，有钱庄主人嘱其画，开幕时张之，客啧啧称焉。廉南湖泉适为客，亦大惊异。次日召之，谓曰："公之家况吾已尽悉，公肯从我入都，则不愁生事，且公画更当有成也。"观岱喜，但曰："我无资斧耳。"南湖曰："为公筹之矣，一切余任之。"遂挈之至京师，为之游声，并出所藏，令纵观之，知其家窘乏，岁时密寄资其家。后为计入如意馆，为供奉，观岱因以成名。观岱教学者先观旧迹，别其真伪妍媸，曰："不然，则入手必差矣。"观岱无锡人，年六十八，暴卒。

八一 纪子庚^①墓志铭

书纪子庚先生墓志铭,庚老原籍福建,而商于吾浙江之象山县石埔镇。其初固一窭人,后致巨万,然好施与,尝焚人所立贷金券至值五万余银圆。而身布蔬,垂老不易。其行极可称,多为士大夫所难能。十五年冬,余与蔡子民丈就浙江省政府政务委员会政务委员职于鄞。翌日,孙传芳部卢香亭师之孟昭月及段某二旅,皆迫曹娥,余等亟各谋避,余与子丈以象山励德人之导,初歇德人家,旋闻象山县知事将来访,又亟避至黄公岙史文若宅,欲从海入闽,遂复徙石埔,即寓庚老家。时庚老年已六十余,方居母丧,观其家范,即足知其人之德性,象山人誉之,亦众口无间然也。此文亦余所为,将原来行述删次,尚存一千九百余字,盖其琐行虽美者,亦刊落之矣。词有条理,有变化,章法、句法、字法皆相当注意,自以为

———————————

① 纪了庚(1865—1933):石浦延昌人,祖籍福建。

佳作也（稿失去），书亦较上年为周叔弢书其尊公凤山先生墓志铭为进境，不但笔法极严，且将近观六朝隋唐名家佳笔尽集腕下，随意出之。惜以字小而悬肘书之，经六七行即须休息一时，终觉气损。

八二　作书不贵形似

近日反复怀仁所集右军书《圣教序》,悟入愈多,唐人中褚河南得之最深,宋人中米襄阳得之最深,此外无复可举矣。余则不敢学右军,力量不足,徒袭其形。古人多矣,何须复增一我耶。此碑墨皇本最佳。

八三　魏碑

　　访王芝镲,践观所藏碑帖之约也,乃芝镲尚未午饭,遂不能多留,略观数种。余近留意魏碑,今日在芝镲处亦见一二种,觉魏书以正光前后一时期为最佳,不知他人以为何如。

八四　许迈孙之达

在伏庐，闻陈丈谈吾乡先辈许益斋增遗事，记如下：伏丈某年新岁，赴益老家贺年，重门洞开，门者告丈言："主人正在题主。"丈甚异之，俄而肃客听事，既而益老邀丈入其正寝，则灵堂赫然，素帷之上，悬一额曰"一代完人"。后肃还听事，而谓丈曰："君知额词之意乎？此非余自诩也，乃余家自我以后即完了也。"盖丈知其子不足继起，其第三子曰叔冶者尤劣，孙亦不甚肖也。叔冶一日白父曰："伯仲两兄弟皆做官，我亦欲做官。"益老曰："你也要做官，甚好，吾为汝办。"即为人赀得知县，听鼓于武昌。行之日，适丈往谒，益老告以故，丈更诧之。及叔冶将发，诣益老为别，益老出书数缄，与之，曰："汝此去候补耳，未必有佳况，持此谒父执，可以得例差。"又戒之曰："此去为官，非在家作少爷比，汝但谨慎，弗闹出声名来，至资斧不足，余尚可济汝也。"遂送登舟，舟即舣宅后河中也。及还听事，谓丈曰："君知此子徂湖北否耶，彼欲往上海耳，余早知之矣。彼至上海，即留连烟花，必倾所携资而不足，必以质所携物继之，必至不能进退而后止。余已潜托吾友，待其质物，则潜为赎而归于余，君试验之。"无几何，丈复谒，益老谓之曰："叔冶归矣。"既而笑曰："人则未归，归者两只箱子也。"其冬，益老生日，伯子自安徽归祝父寿，过上海，挈叔同归，然不敢即以见诸父也。伯肃衣冠上寿时，丈亦往寿，益老延之内室，见益老谓伯曰："余正思令汝挈汝弟同归，惜晚矣。"伯因曰："弟亦归矣。"益老曰："然则何不来见我？"伯甚喜，即引叔至，叔冶既无衣冠，仅御一棉袍，状甚窘，向父叩首。益老谓之曰："汝何以不衣冠？速衣冠，可去款宾客。"叔愧且悚。益老曰："我知道了。"即令侍从曰："将三少爷衣箱来。"叔益悚且愧，衣冠之而出。益老复令侍从尽送所赎叔冶物，交叔冶妻，而谓丈曰："叔冶从此不想做官矣。"叔冶无行，终于聚赌为士望所耻厌，而损益老之誉。益老如夫人者九，然在者止二人，余或去或死。其第七妾本娶自上海勾阑中，旋复求去，还上海操故业，每岁益老生日时，犹来杭州上寿。家人仍呼七姨太太，益老亦待之如初。当其未下堂时，一日与第六妾争宠，大吵，益老厌之。诣丈家，告丈之祖母，丈之祖母曰："做君家姨太太，亦甚有福气，尚何吵为？"益老曰："此是他们吃醋耳，姨太太理当吃醋，不然，则是目中无我意外有人矣。"既而曰："女人伎俩不过五字，吵、卧、饿、死、缠，先之以吵，吵而不已，则卧而不起，卧而不理，则以饿为乞怜，饿而不管，则以死为恐吓，死而不问，则反而纠缠，忍此五字则无事矣。"然其第五妾则竟死，故益老尝曰："吾家诸事皆能办，独失之此人。"益老号迈孙，又号榆园，好藏书，亦善校书。又喜刻书，其所刻《榆园丛书》者，颇行于世，中多诗余及校订词律，为言词者所贵。其校《意林》一种，所谓三卷六轴本也。丛书中有目无书，盖仅刻上卷之上下而未毕也。余于益老物故后，得之杭州上板儿巷一小书店中，所卖皆益老家书也。后行南北，欲再得一本，问之，人皆不知，虽博览如徐森玉亦曰："未尝见。"而余此书收之箧衍二十余年，卒以为儿子克强游学比利时国，资斧之贬，以袁守和之介，售诸美利坚国某大学图书馆，不知天壤间尚有否耶。此书视《聚学轩丛书》中所刊互有详略，而要以此本为详，若不可更得，使国人不复得见此孤本，则大可惜也。余所得益老遗书，有其印章曰："得之不易失之易，物无尽藏亦此理。但愿得之自我辈，即非我得亦可喜。"其旷放多类此。

《冬暄草堂师友笺存》中有益老与止庵太世丈师一书，中言其泄病，有云："弟心中本无丝发挂恋，说去就去，此理自甲申至今日，早已认得清清楚楚。"则此老所以旷达者，正缘认得此理清清楚楚也。至其朱紫成围，嗜赌如性，旁人少其无品，此老直不屑辨。笺存中又有樊樊山与止师一书，中谓"与许抑老畅叙数次，此老的是晋宋间人，对之使人意达"。抑老即榆园主人也，可见当时人于此老已有定评，而乡人欲排诸衣冠之外者，固知习俗所贵在彼耳。此老聚书校书刻书亦复如性，盖亦寄其生命之所在，或人为动物，动物固不能无一事以羁其心耶。益老有《春尽日湘春夜月》一词云：

> 最无聊荟腾过了残春，向夜独拥寒檠，寂寞对吟尊。只剩一丝愁影，和漫天飞絮，断送黄昏。却鱼更乍转，兽烟已歇，无可消魂。　　誓从今日，生生世世不种情根。天倘怜侬，愿大地花花草草，都证前因。无端梦里，偏寻着旧日巢痕。天风引听钏声低控，阑干那角，有个人人。

此老亦多情种子，然亦行云流水，所过不留者与。止师方严端人也，而于此老交终身，且复为扬声，岂非此老所谓"周顾人寰，知我惟兄"者耶。人生果得一知己，死而无憾；然所谓知己者，必尽知之，若知其一二者，不足当之也。

八五　浙江最初之师范生

浙江之有师范学校,始于清宣统初,其先蔡孑民丈倡议欲立,为杭州绅士翰林院编修樊恭煦介轩姻丈所阻。介丈为余舅母之兄也,以终养在籍,其人自命持正,而实妒其议不发于杭绅耳。丈垂老复起为江苏提学使,则师范学校已为定制,固未闻有异议于当官之时也。然余于光绪二十五年入养正书塾,肄业三年,余与汤尔和、杜杰风以特班生,周敬斋、叶书言、龚菊人以头班生并兼课幼生一班,略如后来师范学校之有附属小学供师范生毕业时实习者也,时余等六人亦称师范生也。

八六　米海岳论书法

　　黄晦闻藏米帖八种,有海宁蒋氏《重刻群玉帖》中第八卷下册及《白云居》米帖,余借观之。《群玉帖》第九册云:"学书贵弄翰,谓把笔轻,自然手心虚,振迅,天真出于意外。所以古人书各各不同,若一一相似,则奴书也。其次要得笔,谓骨、筋、皮、肉、脂、泽、风、神皆全,犹如一佳士也。"余谓运指则把笔自轻,手心亦虚,亦无不振迅矣。余作书即患太迅,亦以运指故,不得停留也。运指故天真每出于意外,而欲不异人,不可得矣。

　　帖又云:"笔笔不同,三字三画异,故作异;重轻不同,出于天真,自然异。"此亦从运指即可得之也。

　　帖又云:"书非使毫行墨而已,其浑在天成如莼丝也。"余谓常人作书,无非使毫而已。米所谓骨、筋、皮、肉、脂、泽、风、神,自无一而具,彼虽用墨,不过具点画耳。故使毫行墨,于墨以见骨、筋、皮、肉、脂、泽、风、神而非见其点画而已也。

　　帖又云:"得则虽细如髭发亦圆,不得虽粗如椽亦褊，此虽心得，亦可学入，学之理可先写壁，作字必悬手，锋抵壁，久之必自得趣也。"余按：唐以前盖尚无如今之桌椅，席地而坐，铺纸埤几，其作书也，无不悬手，故不但仰可题壁，亦俯可题襟，使笔如使马，衔辔在手，控纵自如，平原则一驰百里，崩崖则小勒即止。今有桌椅，故作书者作方寸内字，几无不以腕抵桌，而笔皆死矣。甚者即方寸外字亦复不悬手，彼因不知所谓书道，亦何足怪。故今欲学书，写壁实为无上善法，苟能书壁，则桌上作书，悬手绝无难矣。盖写壁较桌上写，难不啻以倍也。然壁有尽，或竟无可书之壁，岂遂不可学书耶，可张纸于壁书之。然壁实而纸浮，书之更难，久学亦无难也。至于桌上作书，即方寸内字亦须直躬而坐，悬手使笔，大氐初试竟不能下一笔，习久而以俯身以腕抵桌为不便矣。伏庐昔有《一雅集》，余尝与焉，余作书即写扇面亦如是也。邵伯䌹先生则以手抵桌，挥洒自便，然其书无论真行及草，一纸始终无一奇怪之笔，惟以形式不取整齐，笔致不尚光削为尽美耳。有以小字亦以悬手为问者，彼答不必然也。余谓唐人写经，验其笔法，是悬腕作者，或以语吴雷川丈，雷丈云："悬腕如何能写得？"余又尝为高鱼占书扇，鱼占誉之。陈叔通师丈欲明余作书之苦，告以此亦悬腕肘所为，鱼占曰：

"如此者我竟不能下笔。"吴丈不以书名，而伯纲、鱼占皆负誉者也，其实今之书者，十九皆若二君也。人因谓观者一样称誉，亦何必然。噫，为得世俗之誉，诚不必然，以艺术言之，岂可不自尽耶。

帖又云："余初学颜，六岁也，字至大一幅，写简不成，见柳而慕紧结，乃学柳（《金刚经》），久之知出于欧，乃学欧，久之如印板排算，乃慕褚，而学之最久，又慕□季转折肥美，八面皆全，久之觉□全绎"兰亭"，遂并看法帖，入晋魏平淡，弃钟方而师宜官，《刘宽碑》是也。篆使爱咀楚石鼓文，又悟竹简以竹笔行漆，而鼎铭妙古考焉，其书壁以沈传师为主，小字大不取也，大不取也①。"此老示人以其学书甘苦，并其经历，字字是艺坛金鉴也。今之教学书者，或先从赵、董②入手，梁闻山云："子昂书俗，香光书弱。"然则此乃取法乎下矣。入手处差，以后欲脱牢笼亦不易矣。或教先从颜、柳入手，此则取法乎中者也。近世稍称能书者，无不习颜入手，然所作类似墨猪，上则如田舍汉，且以此骄人，谓鲁公亦不过得此评耳，

---

① "大不取也"四字疑为衍文。

② 赵、董指赵孟頫、董其昌。董其昌（1555－1656）：明书画家。字玄宰，号思白、香光居士。

然鲁公《祭侄文》《争坐位》，何尝尽如此，只有一副本领耶。柳书米老取其紧结是也，然筋不藏肉，与道因圭峰同有寒乞相，岂可学耶。或教先学欧阳信本、褚登善，似得之矣。然欧、褚皆亲见晋人真迹，得其笔法，而后之习欧、褚者，无非从翻本或劣榻《九成宫》《圣教序》等临摹，得其形似，便以为尽能事，直使欧、褚发嫁于地下耳。又或先学《张猛龙》《郑道昭》，可谓取法乎上矣，然不得笔法，则与学欧、褚者同其所得。近世吾浙有赵扢叔、陶心云，皆能书魏碑，然扢叔尚知笔法，所作尚活，心云全是死笔。余以为学晋唐书不易藏拙，写魏碑最可欺人，欲以藏拙欺人，任习一二种魏碑，便无不可，否则未得窥其法门，总不可遽语高深。或教先从魏晋入手，或先习篆隶，此法陈义过高者也。昔吾乡谭复堂先生教子弟，辄先以《史通》《文史通义》，其子亦能信口而道，实乃一无所有，能述庭训耳。学书而先篆隶，亦犹是矣。且余以为今通以汉之八分为隶书，其于真书尚为高曾矩矱，若篆书实为桃祖矣。或以为篆书欲得其圆劲，学隶书欲得其方劲，其实得使笔之法，方圆自然而致也。学隶书于结构间架犹可取法，篆书则石鼓、秦公敦小具格律，其他布置随情，当时书者，本非秘阁通才，艺林供奉，率尔下笔，但循规矩，犹之魏碑竟有类匠人所作者。昔余友张孟劬赠余唐高宗"辛未伊州塑匠马报远书天请问经"，审其笔法，与六朝名书实无区别，特艺不精，不足登于书林耳。然则在昔流俗作书，犹有渊源，如今文人学士，不晓书道，继习禹碑，亦复何裨。故余以为今欲学书，先受书法，次作临摹，临摹首求真迹，真迹难得，则今之照相本善影本其次也。然真迹之出钩摹者，亦犹可观，以其虽出钩摹，犹循真迹笔法也，然亦惟唐人钩摹者可观耳。若钩摹本之照相本影本，便存匡廓，无笔法可得矣。至于石刻本已不啻影本，苟非善刻，又非善拓，不如不习，不习犹保其璞，田地干净，下种便易，且得良好收获也。临摹之道，则李日华《紫桃轩杂缀》一云："学书妙在神摹，神摹之法，将古人真迹置案间，起行绕案，反覆远近不一观之，必已得其挥运用意处，若旁立而视其下笔者。然后以锐师进之，即未授首，亦直迫城下矣。"此说可取。余小时读书杭州宗文义塾，一夜有同学之年皆逾冠者，相聚斗书，同作一"九"字，而余竟得最胜，以余尝得遗箧中一《九成宫》照相本临摹熟习也。后学一赵书某碑，亦临摹能得其似，然彼时对本，笔笔照摹，无异初学书时影写朱字帖也。其后薄书不学，及复喜书，遂不事临摹而爱观名迹，然不知作书有笔法也。从余直观觉如何是美者，便印入脑际，下笔时意想得之，亦复往来笔下。既明书道，则无闲暇可以从容临摹，又即临摹，不及半纸，即生厌倦，故仍循余故习。随时熟观，然偶一临摹，虽不终纸，而神气弈弈，点画不必全似，而远远相对，居然便是某书，正与李言若合符契也。缘是之故，余书亦不入某家牢笼，出入自由，今虽无成，不敢自菲，假我以年，阔步晋唐，或有望耳。

又帖云："书字须要骨格，肉须裹筋，筋须藏肉，帖乃秀润，在布置稳，稳不俗，险不怪，老不枯，润不肥。变态贵形不贵苦，苦生怒，怒生怪，贵形不贵作。作入画，画入俗，皆是病也。"余按：颜鲁公肉胜（亦惟《家庙碑》等），宋徽宗筋胜，虽各有其美，而不可复学。筋肉停匀，二王之后，墨迹可观者，虞永兴、褚河南可为准绳者也。米言布置，极须神会，并非如宋板书籍中字，以四平八稳为得布置之宜也。每一字中，分间布白，极意经营，正如绘事，丈山尺树，寸马分人，山腰云塞，石壁泉填，楼台树遮，道路人行，总使吾笔下后，悠然无间，人目所至，恰当其心，斯乃谓稳，亦不俗矣。笔虽若崩崖绝壑，而不使人碍目，则险而不怪也。米所谓"贵形不贵苦"者，形字亦须神会，乃谓自然成形，由笔法使然，蔡中郎所谓"奇怪生焉"者,非刻意为之也。刻意为之,斯谓之苦,苦自生怒,怒自生怪。

八七　梁闻山评书

　　《念劬庐丛书》本梁闻山评书帖云："子昂书俗，香光书弱，衡山①书单。"此说深中余意。子昂书以《仇公墓志》为其作最，向沈尹默极举之，亦临摹一时，然尹默卒未入其樊笼。余乍见此碑，亦深喜之，然数观以后，便觉伎俩有限，而气韵甚俗。子昂颇学陆柬之，柬之学虞褚而自成面目，其书亦少有俗笔，然毕竟是唐初人物，师承又佳，故瑕瑜不相掩，亦复微瑕耳，子昂实不得其佳处。柬之书《文赋》迹尚在故宫，有影印本，虽不佳，尚略可规度其笔法，自是虞、褚真传，子昂书除侧媚以外，无所有也，余以为鲜于伯机实过之，即张伯雨亦转雅也。香光书若大家婢女，鬓影钗光亦是美人风度，然不堪与深闺少女并肩也。抑余以为香光不但弱，亦兼单，要是筋肉不

------

　　①　衡山（1470－1559）：明书画家、文学家。初名壁，字徵明，以字行，更字徵仲，号衡山居士。

匀，且虽老而实枯也。衡山书若稍厚，便及鲜于伯机矣。

帖又云："《道因圭峰碑》如此结实，何尝非唐碑中赫赫者，一较大欧，丑态百出，并无稳适处。"此论亦公。

又云："学书尚风韵，多宗智永、虞世南、褚遂良诸家，尚沉著，多宗欧阳询、李邕、徐浩、颜真卿、柳公权、张从申、苏灵芝诸家。"又云："风姿宕往，每乏苍劲；笔力苍劲，辄少风姿。书趋沉著，忌似苏灵芝辈肥软。"余谓智永"真草千文"真迹今尚传世，余见日本影印本，风韵自不待言，然与唐人书《月仪帖》一较，便见千文沉著矣。庙堂碑何尝不沉著，河南之书，绵中有铁，此三家者，为风韵所掩，然不得谓之沉著也。欧阳书劲秀，凡秀者无不具有风韵。褚书《梁房公碑》何尝不同此二美耶，盖自开、天以后之书，始不甚能两兼，然李、徐诸家亦非无风韵，惟鲁公诸碑天骨开张，肉掩其骨，风韵稍损。徐季海《朱巨川告身》真迹今存故宫，一去圭角，故风韵亦若阒然。然风韵不必但取诸佳人名士，彼山林隐逸，庙堂华衮，只须不落俗字，亦各有其妙也。

八八　姚仲虞论书法

　　震钧撰《国朝书人辑略》卷十《姚配中传》，载仲虞论书法者至三千余言，其中据《说文》以诂陆希声之拨镫五字（擫、押、钩、抵、格）林复梦之拨镫四字（推、拖、拈、拽），实未尽善。以清代治经之法注重训诂，然已不免有展转引申、回护相证之嫌，施之此道，止见迂曲而已。然谓"此一执笔一用笔合之，即孙过庭之转使执用"。又谓"陆氏五字，盖执管以大指擫其里，中指钩其表，食指押其上，名指抵其下，复以小指格之，林氏所云推拖者，方之用也。推之则毫开，因拖而翻转之则方矣，此平颇出以按提也。所言拈拽者，圆之用也。盖笔著纸，按之环转如蹂物，拈而拽之，后转而圆矣，此按提出以平颇也。但拖拽义无大别，而为法不同者，拖为翻转，拽为绞转，能执能用，则八法可得而悉，虽其变无方，要不外按、提、平颇、绞转、翻转之用交易其间。"

　　余按：翻绞者，实一笔之中自起至讫，无不应然，特在中间，已掩于墨耳。绞转视翻转尤为难察，故自古亦无言之者，然如《金石峪》竟无一笔整齐，皆如拈丝。后人学之者，只是将笔在纸上左右作力，不使平直，不悟正由翻绞同时，而作者技术之异，故痕迹显豁耳，然非悬肘腕，运五指，不能翻绞自如，运指亦自然绞也。

八九　听余叔岩歌

忽焉有感，肠回意惨，悲从中来，书李后主词以解之，而悲愈甚，乃与智影往开明听余叔岩歌。叔岩不应歌者数年矣，今晚为救济湖北水灾而出，坐无虚席，其所演为《打棍出箱》，往年观谭鑫培演此，出神入化，可谓观止。叔岩虽不及，而闲淡尚得鑫培之遗风余韵，歌音顿挫处无俗响，马连良直小巫耳。然《问樵》最佳，《闹府》次之，至《打棍出箱》，实已强弩之末。盖叔岩体弱，虽养息数岁，犹不能任也。数月前曾观谭小培演《闹府》至《出箱》，毫无父风，今观叔岩演此，又如食橄榄，可数日味矣。然余忽起一念，谓智曰："此时此中曾有人念及国将亡耶?"於乎，余乃亦此中一人耶?

九〇　陶方之悉民间疾苦

许季茀示其王外舅《陶方之先生模行述》。方之先生由翰林散馆，得知县，历在西陲，递升至两广总督，为清末循吏之冠。观《行述》所载，先生少时，亲市蔬菜，担水河干，则其后之悉民间疾苦，而操持廉洁，有自来矣。

九一 《兰亭八柱》真伪

徐森玉、邵茗生约观故宫所藏《兰亭八柱》。余初望颇奢，得观，则又废然。盖《八柱》中惟董香光、张得天及清高宗临本是真，然皆卑卑，岂足赏耶。赫然有名之虞永兴、褚河南、柳诚悬、冯承素四本，皆赝鼎也。虞本虽伪，而在此各本中为特佳，然实即张金界奴本也。董香光以其不尽似褚，定为虞书，既无根据，亦非精鉴。永兴书如《汝南公主墓志》，虽系自运，与临写不同，然名家之书，自有面目，故欧、褚所临，终有欧、褚笔法，以此与汝南墨迹一比便明矣。柳诚悬本，绢与绢色皆非唐物，盖是宋或宋后之习颜、柳书者所为，且复不佳。冯本出于伪造，一望而知，即题跋亦多伪笔。独褚本最怪，此本即郁冈斋所刻"列苏家"第二本，后有米海岳题《永和九年暮春月》一诗，及元祐戊辰海岳题记，亦有苏耆天圣八年重装题记，及范仲淹、王尧臣题记，然褚书不徒恶劣，且填改显然，如"天、也、朗"三字，"也"字纸少损，托之装裱时填改，尚可说也，若"朗"字则纸绝未损而填改甚明，然并非双钩后再填也。苏、范、王三题及米戊辰题记亦均显为临摹。米题不独神气不贯，即笔亦绝与米书不合。独米诗确为真迹，但此诗与前后隔纸，前后骑缝处图章似皆后加，疑或以伪迹而冠于米诗之前，又补各记于后，此种伎俩故非无例可证也。若果如余所疑，则与余前谓黄晦闻所藏宋拓河南临本为苏家第二本者大有关系，余说似可或立矣。今日乃故宫开审查会，余非会中人，然观会中人审查亦殊草草，美人福开森及陈伏庐丈外，有唐立广，余所识也，别有一位，未询姓氏，然其人审书毫无识解，即伏丈、立广于此，亦实门外人也，郭式五则纯以古董家方法作鉴别耳，福开森更非此道内行。余谓鉴别书画，非真能书画者不能任也。所谓真能书画者，今既不多，真知书者尤少。惜此数公皆昧于此道，而又草草作断耶。审查会毕，余与福开森先出，道中相谈，福开森谓："中国今有主张联日、联俄、联美、联英者，皆不对，因彼等肯与中国联者，皆为其自己利益故也。"又谓："各地须自治而统一于中央，中央不可太揽权，须容纳各地之意见。"余因谓："由下而统一于上者为真统一，由上而统一于下者为伪统一。"福开森曰："然。"

九二　李若农善相

侍叔通师丈坐，闻李若农先生文田轶事。先生广东顺德人，以殿试一甲第三名入翰林，终于侍郎。平生精治西北地理，又擅书，闻名藉甚，然多不知其复精姑布子卿①之术也。闻其术受之清故相英和，英和不知受于何人。英和相人甚验，有欲从受其术者皆不可。一日，途遇一计偕者，趣令从人询得名姓，即遣人诣其寓召之，其人魏姓，闻命惶恐，商诸其侣，其侣曰："若未犯法，得相召，必有大望，无恐也。"魏乃应召，英和询魏知相法否？魏以略习为对。英和谓之曰："汝无贵相，即赴礼部试亦无望，第姑应之，不得举亦无怨，可来寓余家，当以相术传汝。"魏果报罢，遂留都，寓英和所。英和命之窃相来客。一日，吾杭许滇生先生乃普谒英和，魏先从棂际窥之，惊曰："状元宰相也。"及英和肃客，魏复相之，详视天

---

① 姑布子卿：春秋战国时著名相术师。

庭，乃曰："鼎甲而不元，一品而不相。"文恪果是榜眼而以吏部尚书终也。若农先生虽亦出英和门，而受法于魏。先生尝相其门人沈子培先生曾植、汪穰卿丈康年、汪伯棠丈大燮，谓子培当终三品，穰卿当以潦倒毕生，伯棠当至侍郎，悉如其言。然子培清亡后犹拜尚书之命，棠丈建国后官至国务总理，略当清之相职，而先生仅举其清代所历，又不知其故也，萍乡文芸阁廷式以尝授德宗之珍、瑾二妃读，故当二妃有宠时，颇喧赫，附势者辄谀之以当大贵。一日，先生见广坐皆谀之不置，私谓所亲曰："大家皆乱说耳，芸阁官不过四品，且即当失势。"已而亦如所言。泗州杨士骧起家翰林，尝托沈子培请先生相，子培苦无间，一日，并会某家，正同席坐，子培以为得机，乃询先生："今日同席者相孰贵？"先生曰："杨最贵，当至总督。"士骧竟卒于直隶总督，人果于相定其禄位耶？

九三　陈止庵师遗事

　　叔通师丈先德止庵太世丈师为湖北随州，廉爱著闻。时湖广总督为张文襄之洞[1]，下书捕盗，令甚严急，且命吏督察州县，有无讳匿。至随州者为候补直隶州张某，故河督张祥珂子，故人也。到州寓治所，一日，师正治讼，张在签押房见一牍，正为盗案而未申报者，即电闻南皮，南皮复令会审，张商之师，欲先独鞠，师持不可曰："吾可会审而不发言，任君独讯，但此案非匿报，正以未得证，不敢遽以盗定谳也，决不能以严刑逼供。"张不得已尽诺之，然竟不得盗证。张乃谓师："若此，吾无以复命，愿有以为我地者。"师曰："某为州长，不能诬良民为盗也，即君以实告，未必致降谪也。且此案有十三人，以十三人之性命为君地，余固不可，君亦安乎？"张犹期期，师曰：

―――――――――

　　① 　张之洞(1837－1909)：清末洋务派首领。字孝达，号香涛，谥文襄，直隶南皮（今属河北）人。

"若必然，某与君会审而别复耳。"时提刑使者为陈右铭先生宝箴，故不以南皮之举为然，且知师廉爱，即手书与师，谓："公据实申报，若有责，吾当任之。"案遂定，适师以弟殁告终修养离州，继之者即张，张颇欲翻前案，亦卒无可得。

止庵师以病将去房县，有一讼案，久不得结，盖有欲利之者，唆两曹使相持也。师念去房后，或益深其累，乃遣使谓两曹曰："此案年月已久，若辈受累已深，若不及吾在结之，恐无日矣。"及两曹至，师力疾，卧而治之，两曹皆感泣相谓曰："父母官如此待吾侪，吾侪尚忍相持耶？"即画诺而退。师在房时，曾焚一木偶，以其为乡人所信，因而赛会相争，屡致命案也。及师以病去房，居省，房人来省视疾者不绝，率农樵也，忧形于色，有请师名刺者，询之，则曰："大老爷之病，或系焚神像所致，大老爷固不肯往谢神，吾辈持大老爷名刺往祷之耳。"时房人且将为神更造铜像，师乃谕之以理，且戒以不可更铸像，房人亦诺之。

九四　陈右铭①能举其职

陈右铭先生宝箴按察湖北，兼署布政使时，襄阳县知县员缺。先生谒总督，总督语以襄阳可畀朱某；谒巡抚，巡抚曰："可畀张某。"先生归署，则悬牌两面，一署曰：奉督宪谕，襄阳县知县委朱某署理；一署曰：奉抚宪谕，襄阳县知县委张某署理。于是众论大哗。时总督张之洞、巡抚谭继洵虽怨先生，而无可奈何。有劝先生者，先生曰："委员吾责，督抚而干与之，是目中无布政司也。"坚不肯收回所悬牌。后由诸道再三调处，乃两撤之，而由先生别委员署理襄阳，张、谭亦竟无奈何也。

---

①　陈右铭（1831－1900）：清末维新派。名宝箴，字右铭，江西义宁（今修水）人。

九五　乡民之骗术

廿五年八月廿九日访友，遇一卖干菜者，涕泣不止，及余归，犹见其踞地而号。异而询之，则言途中腹痛，入一家求药，置担门外，出则铜圆三百枚失去矣。余悯之，倾怀所有，得银币四角，予之。此虽非济人之道，特余非在位，力止如是而已。归以其事语归云，归云曰："此骗子也。"余斥其不当诬人。乃月余又遇之，一如故态也，谁谓乡人尽愚哉。

九六　徐世昌[①]不齿于翰林

得《越风》社书，嘱为文于辛亥革命纪念特刊。《越风》有纪徐世昌事，大意在为徐粉饰标榜也。世昌为人，已有公论矣，其以翰林发往北洋大臣差遣，侍从以为奇耻，抵直隶，谒总督李鸿章，通者以世昌翰林，须开暖阁门俗称麒麟门者逆之否为问，合肥曰："此差遣员也，令入官厅，与群僚齿。"词林益以为辱。其平生所为，直一热中之官僚耳。至或称其不附和袁世凯称帝及反对张勋复辟，要皆为己留地步，诿之则识时而已。北洋系之分裂，实世昌致之。直皖之战，段祺瑞[②]衔之切骨，芝泉执政时，余亲闻芝泉言："菊人安足语为人，若死，吾并挽联不屑致也。"耄年犹嗜货不止，拥财数百万，而不恤其子妇。其得

---

①　徐世昌(1855－1939)：直隶天津(今天津市)人，字卜王，号菊人、弢斋。

②　段祺瑞(1865－1936)：皖系军阀首领，原名启瑞，字芝泉，安徽合肥人。

法兰西博士之赠，乃以二万银圆买得黄郛所作《战后之欧洲》（书名或误）一书以为已有耳。名利既遂，乃欲以理学自文，提倡颜李之学，不知其读"四存篇"自省何如耶？其膺选总统后，陈仲骞尝戏语曰："吾事事可比东海，只欠一手苏字耳。"

九七　许叔玑墓表

许心馀寄来其尊公叔玑先生墓表拓本，表为余作，亦为余书，文甚美，昔林琴南谓余文似恽子居，张孟劬、蒋宰棠则谓在尧峰、雪苑之间，然此皆见余壮岁所作耳。近二十年来竟少属笔，各方请白，悉谢不为，惟《纪人庆传》及此表余自欲为之者也，此文不自知其似何人，盖以前作文，自有追摹某家之意，近惟自运匠心，不得依傍门户矣。此书八尺大碑，目患近视，故不见佳，然亦得若干佳字。昔米元章书其《元日明窗》诗数纸，自记有数字佳，可知满纸尽佳，古人亦难。然此刻工手甚劣，不独尽失笔法，且将一字结构移动，往年余为吴县甫里书《保胜寺古物馆记》亦然，以此见古碑佳刻之可贵，唐太宗《温泉铭》刻手真神工也。

九八　王右军《感怀帖》真迹

读外祖父邹蓉阁先生《问桃花馆诗集》,有李子芬孝廉世贤出观王羲之《感怀帖》草书真迹。此卷宋徽宗内府所藏,后归东海徐元度,今藏利津纪氏诗,此卷今不知尚在人间否,辄为神往。然右军书传多为伪迹,此又不知何如也。先生诗集后更名《存悔斋集》。与外祖姚所著《竹斐夫人遗墨》,并见著录于《杭州府志》。余父所藏有二本,其一清本,三十年前余寄存邓秋枚、黄晦闻及余所创设之国学保存会图书馆,后闻秋枚以书售诸复旦大学。此书如何,余访秋枚不得其所在,亦不知此书所归矣。其一大氏为初清本,即此本也。先生官金山时,适当太平军至,尝夺得敌人赤帜为妾制裙,有歌纪之,艳称于时。昔唐宋诗人多出于簿尉之间,固不以卑官损誉。清代晚季,可以赀得官,佐贰之职,文学之士所不屑为,如先生当厕诸常建、张羽之列,士论之所惜也。姚汪氏,名愃,同县人。汪故望族,簪缨相袭,闺门之内,

翰墨如林，故姒亦擅诗词也。姒先先生卒，墓在吴江
雪巷之陈家荡，伯舅福昌袝焉。

九九　红芋诗人

　　余外祖邹蓉阁先生号红芋诗人,尝与黄树斋爵滋、戴醇士熙,结红亭诗社。先生生于清仁宗嘉庆十一年,故往还如姚秋农、文田、张仲雅云璈、张仲甫应昌、林少穆则徐、屠琴坞、孔绣山、赵次闲、陈硕士、汪孟慈、罗萝村、张仲远、胡书农、杨利叔,皆一时名辈也。龚定盦子孝拱,亦先生友。

一〇〇　甓器由来

　　朱志瀛来，问甓所由始。余按：《说文》云，髹：桼也。"髹即油漆之油本字，亦即甓器釉泽之釉本字。《汉书·赵皇后传》："殿上髹漆，"字省作髹。髹又即今言甓器之甓本字。甓字《说文》无之，字亦作瓷，始见于《西京杂记》引邹阳赋，《杂记》或言葛洪所作，或言吴均所作，然所引赋不必亦为伪造也。吕忱《字林》亦署"瓷"字。忱，晋初人，然"瓷"字不必始于晋初也，则汉自已有甓，惟《御览》引魏武《内诫令》："孤有逆气病，尝储水卧头，以铜器盛臭恶，前以银作小方器，人不解，谓孤喜银物，合以木作。"是彼时尚未盛行瓷器，否则瓷不愈于铜木耶。"缥甓"之称，见于晋赋，缥为青白色，正谓今之青白釉矣。今见汉陶器上有釉，则《说文》不署釉字者，髹即本字，不录瓷字，髹亦即瓷字也。《周礼·巾车》："髹饰。"注："故书髹为軟。"杜子春曰："軟读为桼，垸之桼。"軟从次得声，次黍音同清纽，故或谓桼为軟。《后汉书·郡国志》："兰陵有次室亭"，《地道记》曰："故鲁次室邑"，《列女传》有"漆室之女，瓷从次得声"，则知古以瓦器上之釉，犹木器上之鬃，故即以名鬃瓦器上之泽者，而后乃造瓷字。

一〇一　杭州葬法

造墓各地不同，杭州之俗，下棺后以石灰黄土调以菵叶捣成之汁，名曰菵浆，舂之成粘质，而敷于棺之四周及上，名曰灰椁。惟棺底亲土。灰椁坚如铁石，斧斤不能损之。太杭谚有"铜墙铁盖豆腐底"之说，以棺底亲土易朽，盖取速朽之义，而不忍亲骸为土中虫兽所伤，故以灰椁卫之，故葬法莫善于杭州。然灰椁亦以工到为能如此，故必老于其事者监之。舂灰椁有组织，十人为一曹，二人为外作，外作任取土运灰等事，曹工惟任舂及舂毕运置墓穴中耳。大氐一棺用灰一千斤以上至二千斤，和土相等，或三之二。如用灰千斤以上，必须四曹舂一日，或两曹舂两日，若灰多更须增曹，然穴小正不须多。而承揽造墓者，杭州谓之坟亲，坟亲自以多为善，取利大也。灰椁舂法，先以土一提箕倾地上，加石灰一提箕，如此三番或四番，然后一曹中以八人任舂，二人更番休息。舂以二百四十下为一手，六手而成。一手毕小休，每手先百下，八人齐舂，而甚急，其意在和灰土而已。其次百下，分三板，初三十下，次四十下，再次三十下。每板八人，分先后下杵，至将毕，亦八人齐舂，此三板较劲，每板将毕，十余下最劲，皆鼓胸腹，举杵至首上，臂成直线，然后下，每闻杵相击声，而此三板每下一杵，人即易位，成回旋形，往往足亦离地，用力甚者足离地至尺许，故至每板终时，无异跳舞，然其劲者，莫不流汗如雨也。末四十下则较初百下尤急，盖力尽而藉以休息矣。初末皆呼邪许，中百下则若歌唱，声调抑扬清越，每曹以一人轮流报数，各曹中亦以一曹轮流报数，而一堆中边，其舂亦有规定，不漫下杵也。如一曹之中皆属老手，则步伐举动，极为整齐，如各曹中有营葬者自行招致者，名为客曹，客曹舂地必居上位，有客曹则相竞。客曹既为营葬者所自致者，必有以自异，亦弥致其力。而造墓者所招致者曰本曹，本曹不甘示弱，亦弥尽力，甚有相竞不下而致疾者，不悔也，故营葬者利用此以求灰椁之固。然杭州灰椁之工，亦止龙井、翁家山为强，次为留下镇，次为四乡，四乡之工实无足取也。今龙井、翁家山皆以属市之风景区，不许营葬，此事亦将因社会之趋势而消灭，余故为之记。

一〇二　林迪臣先生兴学

四月廿四日，赴孤山林社，公祭林迪生先生。先生名启，福建侯官人，以翰林出守。其知杭州府事时，创设新式教育机关三：一曰求是书院，似高等学校、中学校之混合学校，求是递传而为浙江大学堂、浙江高等学堂，国初乃废；一为养正书塾，似中小学之混合学校，养正递传而为杭州府中学堂、浙江省立第一中学校；一为蚕学馆，似职业专科学校，递传而为浙江省立蚕桑学校、浙江省立蚕丝学校。余为养正书塾学生，彼时每年三节，由一府两县轮流督试一次，试列高等者，有膏火之奖，余两受先生试，幸列高等，以昔习言之，先生为余受知师也，故余在杭而逢公祭，虽风雨必往与。养正书塾之初立，虽似中小学之混合学校，然后三年，设头班、师范班。特班、头班之程度，实与求是书院学生无别。彼时杭州有东城书院，月有试，与敷文、崇文、紫阳三书院同。东城山长由迪师聘林琴南任之，试法改新，求是、养正之学生固同与试也。养正之有师范班也，其制实为吾师瑞安陈介石先生创之，盖师本在上海叶浩吾姻丈瀚所办之教习速成学堂任教员，移教养正也。社中祔祀高啸桐先生，啸桐先生于迪师兴学之计参画主持之也。

一〇三 叶左文之孝友

得王子舫书，言叶左文相念，可感。左文名渭清，籍吾浙之兰溪。父商于开化，遂家焉。左文母亡，母继母如母，弟异母弟如弟，推产业尽与其弟，而自以笔耕养妻子。清末，举浙江乡试，时年未冠也。会科举废，以考职得盐大使，发广东，运使丁乃扬课吏，为第一，委署南雄场大使，优奖之，人所求之不得者也。左文就官未满岁，即辞归。事亲读书，笃信二程、朱熹之学，精校勘，所读书丹黄悉遍，殆傅沅叔章式之所不及也。尝有志校订《宋史》，以糊口四方，未遂其志。余初佐教部，欲任为京师图书馆长，不允就，乃聘为编辑。居馆，公事竣即读书，同事者惊为今之圣贤。余去部，左文亦旋去，盖不欲久屈也。及余再至教部，复聘为编审员，左文强屈焉。旋又辞去，谓事简不欲糜公禄也。后应北平图书馆之招，任校勘《唐六典》，其书讹讹不可胜正，而左文性谨严，从事二年，不能毕业，其书借自吴兴嘉业堂刘氏，促归,并托董授经康至馆代之索。授经言侵左文,左文即辞去,馆中数速之复起,不应也。余识左文于广州,左文方以介执业吾师瑞安陈介石先生门下也。左文既弃官归,余亦旋归杭州,教于浙江两级师范学校。邀左文至杭州,寓余家读书,会儿子龙潜当就外傅,为延吾家一浮为启蒙,而令受业于左文,欲其取则也。

一〇四　清季杂志

清季光绪二十年后，杂志渐兴，梁任公所主持之《昌言报》，汪穰卿丈所主持之《时务报》，唐佛尘所主持之《湘学报》，童亦韩丈所主持之《经世报》，皆今日之杂志类也。稍后而发行于上海者，如蒋观云丈所主持之《选报》，余师陈介石先生所主持之《新世界学界》，罗叔言所主持之《农学报》，亦皆以报名。而马一浮、谢无量所主持者独曰《翻译世界》《选报》《新世界学报》皆诸暨赵彝初祖德出资经营，彝初先治《选报》，招余佐观云先生编辑，而彝初喜多务，谋于余，欲更创一报，余因请以介师为之主，而余与汤尔和、杜杰风辅之。报初出，梁任公评为第二流，盖以其所治之《新民丛报》为第一流也。然《新世界学报》风行一时，观云先生知《选报》之不足以竞也，遂与彝初不合，而先去，故《选报》亦遂废。清季南方之有白话文杂志，盖始于吾师陈叔通先生等所治之《杭州白话报》，行于光绪二十六七年，其时杭州无排印书局，以木刻之，是报于提倡女子放足最力。

一〇五　鼓吹民族革命之《国粹学报》

余之主撰《新世界学报》也，邻有顺德邓秋枚实所治之《政艺通报》，然初不相往还，及《学报》中废，而秋枚时尚科举之业，欲赴开封应顺天乡试（以庚子义和团故，和议成后，犹不许于京师举试，故权移开封），乃徵余为代，既而乃有《国粹学报》之组织。其始仅秋枚与余及黄晦闻节、陈佩忍去病数人任其事，实阴谋藉此以激动排满革命之思潮，其后刘申叔、章太炎皆加入焉。而申叔不克符其初志，为端方所收，转以讽刺革命党焉。申叔之及端方门也，端方为举盛宴，大集僚属士绅，名流毕至，都百余人，以此自伐，盖申叔世传经术，而当其年少，已负盛名也。人谓申叔盖为其妇所胁，然袁世凯图帝制自为，而申叔乃与筹安会发起人之列，当筹安会未发表前，申叔抵京，余往访之，申叔语余曰："今无纪元之号，于吾辈著书作文者甚为不便。"余不意申叔之加入筹安会也，虽怪其言，然答之曰："是何害，未有纪元之前，古人亦尝著书作文矣。且《汉书·艺文志》有太古以来年纪也。"申叔瞠然。明日而筹安会发表矣,俄而洪宪纪元之令下矣,然则果为妇胁而然耶。

一〇六　清政轶闻

谒陈伏庐丈，观其近得《岁寒高节》卷子，卷额"岁寒高节"四字，行草书，大八寸许，张怀仁书，未失明清间人体气。此卷所绘为松、竹、梅，以寿节母者。竹为宋牧仲作，颇佳，题者数十家，大率乡里之间者也。有顾贞观、彭定求，皆江苏常州人，可知所寿者亦是地人也。会高欣木及叔通师丈皆至，相与谈及清季政治轶闻，伏丈谓："奕劻、载泽各以亲贵擅宠，而相植党竞权，武昌起义，湖广总督瑞澂逃入军舰，以避革命军，奕劻以瑞澂为载泽姊婿，得息，甚为快意，以为看载泽如何办。及奕劻主召袁世凯，虑载泽为梗，郑孝胥调停其间，则以由载泽奏保世凯，而奕劻奏保岑春煊为交换条件。春煊载泽党也，于是以世凯总督两广，而春煊总督四川。春煊故由李莲英进，及为邮传部尚书，有人进言于春煊，谓今为大臣，宜绝阉人，植清誉。莲英馈食，春煊竟谢之，莲英以是衔春煊。及春煊受挤，改督两广，莲英使人以康有为、梁启超之照相与春煊照相合为一纸，以进于慈禧，春煊遂失宠而不自知也。其将赴广督任时，迂道游杭州，高啸桐介余入其幕，春煊相徼，意甚挚。余告以不独我不能入广，望公亦不去，去则必有不测之祸，因告莲英所以陷之者，春煊大惊，乃乞病居上海。至是，春煊已密通于革命军，而世凯终亦叛清。"通师谓："辛亥川事既急，总督赵尔丰以三急电请于枢廷，示剿抚，不报，尔丰乃电托叶葵初代探意旨。葵初方得信于载泽也，葵初将来电碎之，入诸字簏，曰：'管我何事。'竟不复尔丰也。"伏丈又谓："逊位之诏，由袁世凯电嘱张季直为之。"通师谓"卒由刘厚生当笔，而汪衮父增末语'岂不懿欤'四字。"

一〇七　杨昀谷论诗

检廿四年八月廿五日天津《大公报》附刊杨昀谷之《交游》一文。其举昀谷说曰："诗须句句以情事纬之，诗贵近思，又贵有远神。诗不可落论宗，《书谱》有迅速、淹留二义，作诗亦然，气行快矣，必用一句留之，相间成章，自然入格。唐贤高格，行气不尚疏快，此乃正法眼藏也。行气总以回合宛转为要，恐其去而不留也。"昀谷名增荦，清翰林院编修，余与昀谷曩多往还，昀谷亦号云谷，故昔为余题李云谷残砚拓本诗，有争磴之戏。昀谷虽通朝籍，而未曾得志，一任龙济光秘书，亦非其志，落拓故都，奉佛独居，卒以穷死。其遗诗八卷，王揖唐为之刊行，余尚未见也。

一〇八　婢亦人子也

　　移居金姓之屋，金盖所谓二房东也。其室悬一照相，冠清代二品冠，家有三婢，长者年约二十，余皆十四五岁，每晚当余室户而卧。余夏率五时余即起，乃起后竟不能赴盥室，以三婢席地横陈，且怜其睡才四五时也。於乎，此亦人子也，以贫为亲所卖，终身不复知其所生，自朝至夕，执事无间，一无求进知识之机会，年逾摽梅，婚姻不得自由，老大率为人妾，即幸得为嫡，亦仍归于贫乏。其毕生之福，为其亲得数十币而尽丧。而主人于婢，以微资享其十余二十年之勤劳，虽衣食之，而所省于雇用佣者，不止倍蓰也。及婢适人，犹复要其偿还身值，若是者盖十之八九也。其挞罚之加，饥饿之不顾，知识之不与，则以为当然。今国家有令禁畜婢，而畜者如故，易其名曰养女，使呼主人为父母，然其他皆无以异于婢也。此间主人于三婢，虽尚未闻捶楚声，然席地蜷卧，覆之恶臬，何尝以家人视之，高于豢犬豕者几希耳。昔余十二岁，从汤颐琐丈至温州，丈买一婢，才九岁，数月后，其父持新鞋来视其女，女闻声奔而出门，号泣欲从以归，父女相持，其状至惨。丈家故有长婢，阻其久叙，令雏婢入而趣其父去。余时即悲悯万状，且怪长婢亦婢也，顾乃不相恤耶。盖汤母无子女，视婢如所生，故婢亦亲之而如所生，仓卒之间，忘其本然耳。

一〇九　命相术

在陈伏庐丈所，又闻李若农先生相术之神奇，丈谓得诸汪伯棠丈。汪丈若农先生门生也，谓"昔在京邸，一日，李公于某馆为其同年友新简云南按察使者祖道，余受命代作主人。然客至，李公亦至，面色惨然，向客一揖而言曰：'今日适病，不能亲陪，命汪某相代。'旋即归去。暨筵散，余亟至其家，询曰：'师何病？'公曰：'我无病，特不忍与之酬对耳。'余请其故，师曰：'余视其相，莅任必不及待家人之至而死矣，吾言之不可，不言亦不可，故不忍耳。'已而某至任二十日而卒。"伏丈又言夏穗卿尊人紫笙先生课命亦极神奇，尝为汪伯棠、穰卿两人占之，谓伯棠当官二品，穰卿瓠落终身，此与李若农先生相二汪事全同，然则命相固一与？棠丈于建国后曾居首揆，乃不在命相中，何也？伏丈昔语余，奉天有一命课者，人戏以溥仪八字与之，此人云："奇极，此命贵不可言，然止四岁活耳，正亦相同。"然余知昔之相人者，率先诇得其情而后酬对。北平有钓金鳌者，以相起家，其先假东安市场一小屋，设座谈相，初所相皆豪家仆从，既而达官贵人趋之如鹜，无不称曰神相。其实江湖之士，术有所受，能于举止间得其人之家世地位，尝有见人入户，而旁人为揭帘，其人侧道而过，因决其为优而饰戴相冠者，探之果然也。既得其地位，则从而揣摩，乃立议论耳。然如李夏二先生实非其俦，且如紫笙先生乃以朱墨笔点易数而论断也。

一一〇　朱有年说

开化朱有年言，其乡汪氏为大族。汪之先有庆百者，明代官至尚书，其外家某氏将葬其外祖母，有术者言甚验。其子姓各私术者求助，盖下棺时刻主后人吉凶也。及期，诸子皆临窆，独一女受术者教，不往，即庆百之母也。缘庆百之母，字而未归，闻诸兄弟求术而意动，伺间跽术者前，求助己，术者无以应之。而女求之不已，且跽而不起，术者乃曰："汝明日可不临窆所，而与汝婿以其时交合，则验于汝矣。"女之婿固亦助丧在女家，女遂私告之，及时竟苟合焉，果即成孕，迨婚后仅百日而生，故以庆百名也。噫，使此事不诬，岂非旧礼教中所谓丧情害理之甚者，尚可以训乎。不谓高谈道德之风俗中乃有此事也。有年又言，其曾大父行中有名毓口者，开化近时生员皆出其门，其人太平天国时为掠去，令负舆，不任，令担物，亦辞，以其为秀才也，乃任以笔札。一年元旦，军首所居，尽以红纸障壁，栋梁亦裹以红纸，而无文字题饰，人以某可任文字，某即书其楣曰"一戎衣"，军首大喜，遂重用之。左宗棠督师，驻开化，使以高禄招之，某岸词不屈。及太平天国败，某无归而归里，里人共护之，为道地，得不死，削其生员籍，后复易名而入学，屡就乡试，皆以诗失拈败。

余按：此事疑非实，盖宗棠招而不至犹可也，岸词相抗，岂复见容耶？余友叶左文犹及见其人，异日当复证之左文。

一一一 《送春诗》

为龙环改《送春诗》云:"柳条不系东风住,暗约明年依旧来。惟有群芳悲久别,各零红泪付潆洄。"盖就原作润色耳。然似看人送春,不是自己送春。又为佩瑛改云:"子规啼毕含愁去,朱紫纷纷泣下来。怪他杨柳无情思,枉有千条挽不回。"两儿欲余拟作,余本不娴诗,此题早有古人名作,实无可以再为,而二儿苦促之,勉成二律云:

> 朱紫如围正举卮,东风偏倦欲兴辞。
> 先几自合功成退,任运还逢瓜及时。
> 密与燕莺成信誓,早从桃李订归期。
> 赋余惆怅年年是,一半伤心一半痴。

> 四时代谢帝无私,春去偏同怅惜之。
> 水满忽惊双鬓换,花残何惜百杯持。
> 千呼不转嗔莺拙,百绕还行怪柳迟。
> 姑向东风陈款曲,归来千万弗愆期。

自谓"先几"一联似无人道过。

一一二　治葬戒奢

陈孚尹来，言其尊人介石师墓被盗发露，闻之怆然。陈氏在瑞安有太丘之望，乃亦为盗瞰，盖墓制小宏，乱世不能戢小人之心也。吾国墓制必须改革，南方风俗尤为庄严死者，宦族富家，一墓之费，竟逾中产，其甚者饰为台观，崇阶广基，望之俨然，则累万之资，投于虚牝。往者政府为孙中山先生饰终，礼重报功，造墓如陵，耗资二千万以上，窃意先生有知，必不愉快于黄泉也。以此资为生产之业，其为先生造福者何穷。异日举国无冻馁，饮水思源，更隆功德，倍致庄严，似不为晚。然如先生功业，尚足以膺此报，浸而谭组安亦国葬矣，甚至邵元冲亦得国葬之资十万圆，是岂尚为民众所输汗血计之耶。夫以此十万，悉用之葬则为奢，用而有余不以内官则为贪，是则于死于生两无足取，若逢巨变，骸骼暴露，子孙掩目，行路快心，亦何为耶。漆雕氏为移风易俗之儒，然草上之风必偃，是以有望于为政者。

一一三　林攻浈

姜次烈托人致奠金法币百元于其师林攻浈损，不知所投，乃倩余转交攻浈表弟陈孚尹，余方知攻浈死矣。攻浈为吾师陈介石先生之甥，幼失怙恃，育于母之妹。攻浈以教读事蓄，祖母年百岁卒，子尚未成年也，攻浈之学，受于介师及师之从子孟聪，学不醇而长于诗文，倚马千言，八叉成诵，洵不虚也。其文畅达，位置当在魏叔子、邵青门间，时亦有汪容甫风格，诗则才华斐赡，深于表情。何次珊长北京大学，聘为教授，先后二十余年，学生中喜新文学者排之，喜旧文学者拥之，其得于人亦有在讲授之外者。盖攻浈有节概，犹是永嘉学派遗风也，既不肯屈己附人，而尤疾视权势，其在讲堂有刘四骂座之癖，时时薄胡适之，卒为适之所排而去。攻浈颇自负，以不得志，遂纵于酒，而为酒伤。其为适之所挤而去也，余虑其或自伤，特访其夫人而戒其谨护持，且称师而规之甚苦，然竟不能改。今闻仍以酒伤殁世，欲为诗挽之,才成二章云：

回首春风四十年,讲筵谁得似彭宣。
可怜一世文章伯,中酒伤贫入九泉。

长堤柳色几番青,消息沉沉倚驿亭。
历数逢辰应有验,秋风吹落少微星。

一一四　唐太宗书

　　熟玩唐太宗书《温泉铭》,至于欲忘一切。太宗此书,随意结构,拙媚相生,其落笔凡如飞隼,而纡回转折处,又未尝不致意,似无笔法可寻,而实显然有其途径,如"玉液"之"液","锐思"之"锐","汉帝"之"汉","长龄"之"长","朕以"之"朕","积虑"之"虑","风疾"之"疾","砌环"之"砌","屡易"之"屡",凡此诸字,仔细体验,自无不瞭。而"疏檐"之"檐",尤可玩索,即此一字足征其纯为中锋。抑观此书明是悬肘所作,故有行乎其所不得不行,止乎其所不得不止之妙,学书者必观之。太宗收二王书几尽,又遗诏以殉,殆欲使人不见高曾而自为始祖乎。

一一五　孙仲玙之学行

余昔从陈介石师知吾杭孙仲玙丈宝瑄而未之见也，今于陈伏丈案头见其日记数册，略读数页，更见其思想所趋，大概与介师及宋平子皆倾向于社会主义者，故三君子之交亦密。记中有斥章太炎著作流传为造孽不浅者，盖以太炎专事峻深种族观念也。然丈记中又有一处，则虽斥太炎而谓"此时若以此致流血赤族，吾亦不悔"。可见，丈虽主张泯灭种族观念，而于清之杀戮革命者亦不之恕。于记中又见丈于新学说之书，殆无不窥，前辈好学，如丈与夏穗卿丈皆不可及。唯丈颇好神仙家言，记中屡及长春真人《西游记》中说而称道之，且谓女娲补天亦是此事，则又通学之弊。丈此日记涉时事学术者为多，可与越缦颉颃，叔通师丈颇有为之理董之志。余谓最好照原稿付印，不知世有此好事者否。丈为清故侍郎孙子授太世丈之次子，兄即幕韩丈宝琦。慕丈以官为业，连姻清室，而丈独守儒素，虽历仕宦，无贵介风也。

一一六　樊樊山辞祝寿

三十年三月十日，某报载樊樊山增祥八十辞寿启，言其父在日，每值揆辰，例不见客，垂为家戒。其父母六十生日，祝者不过数人，堂下并无声乐，盖樊山先德亦以生日为母难之日，故垂戒不得祝寿，异乎流俗矣。然父母年过六十，子女自当具庆，义有不同，唯当承父母之志，若父母不乐举觞，亦当从命。余天之戮民，孤露余生，有生之日，不得为庆祝之举，早已戒余诸子矣。

一一七　鬮三劫包

　　市物于霞飞路,遽有十余岁小子,自余后劫余所持物而逸。余追之,则弃物而逃,物凡三包,先弃其一,再追,又弃其一,复追,则将纸包中断而弃其半,盖所谓鬮三劫食也。(鬮三或谓当作毕三,实有其人。余疑乃扁虱之传误。扁虱即臭虫也。)闻其行劫也,必三人为群,互相策应,其劫物而被追,次第弃物者其术也。如是则必有入口者矣,故余拾物而其人亡矣。归途至亚尔培路口,亦见一人追一小子,捉而殴之,余不觉失声呼打,然即悔之,自咎曰:余亦欲以此加诸人耶? 彼皆余之子弟,谁使至于是,余不能使无至是,又不能尽余持而与之,且追而获其所劫则已矣,且此所被殴者,又明非彼劫余物者耶。以此知余近日修持之惰。

一一八　作书五养

凡书不独须养神养力,亦须养笔养墨养砚,盖意不靖则神不聚,书时自无照顾,所谓意在笔先者,即无从说起矣。力不养,则作数字后,便觉腰背不济;力不足,即神不旺。砚与墨皆可别储以待,唯笔不然,虽可别储,而方及酣畅之际,遽苦胶滞不敏,若易以他笔,又如方得谈友而忽来生客,必叙寒暄,神意全非。然墨亦有难言者,虽甲墨久磨易化,可易以乙,然必磨而待用,待久即宿,故墨磨就即用,则采色均润而入笔不滞。

一一九　余之信仰

访夏丏尊,余以丏尊桌上有佛经,壁上悬数珠,询丏尊:"亦从事于此耶?"丏尊曰:"否。"继而曰:"人无信仰亦不好。"余曰:"何故?"丏尊曰:"无可归宿。"余曰:"我自有我,何患无归宿?"然丏尊似不能谕此,故曰:"总是有个信仰的好。"盖丏尊之意,亦倾向于宗教的信仰耳。朋辈中如许缄甫、钱均夫皆数珠一串,以此求了,何从得了;若不能了,何用于此。人生坠地,即入社会,唯有两利,以了此生,至于得福得祸,各随因缘。权在于己者,即看明环境,权量轻重,趋于合理,自然得福。若环境所迫,祸不可避,则安而受之,生死不计,如此,则随时随地皆吾归宿。舍此别求,天堂乐境,果于何在,强求有附,正是将心来与汝安,亦何从安得,所谓"坐驰"也。余既于宇宙识其大者,宗教信念,脑际全无,但以任运而生,利他所以利我,利我必须利他,此外无求,所求者如何方得两利,使竖尽未来,横盖大空,无不得所,今之胶胶扰扰,终有清清楚楚之一日,乃余所信仰者耳。

一二〇　乙卯词

余二十岁前即学填词，然无师承，亦未研究，姑妄为之，仍不讲宫调也。四十后所为益少，今竟不敢下笔矣。往时曾以稿本就正于亡友刘子庚毓盘，吴瞿安梅，均有题词，以示张孟劬尔田，亦为小令宠之，然故人皆假借之，望其有成而已。前年虽欲尽焚之，终以一时鳞爪，难以割爱，遂芟夷其甚不足存者，手录一通，而三家题词，竟尔失去。今乃检得瞿安手迹，而瞿安物故矣，亟录于此，其书云：

> 大著神似子瞻，小令亦具二主、二晏之长，间有献疑，签标眉轴，索西子之瑕垢，不自知其妄且愚也。系以小词，录呈藻削。
>
> 《浣溪纱》云："身世沧波落照边，青城别梦渺如烟（谓集中《浣溪纱》乙卯诸词）。无多青鬓况霜天。子夜新声怜宛转，丁年旧事倍缠绵，不应憔悴柳屯田。"

瞿安词注中所谓《浣溪纱》乙卯诸词，余已剪除之矣，今亦从字籖中检录于下，然不足存也。乙卯寒仲，国将改步，谢太学南归，车次无憀，口占五解：

其一

铜笛声声断禁烟，别情无语更凄然。不堪回首是离筵。　　旧事漫劳飞燕说，来时春草碧于天，锦城争唱乐尧年。[①]

自注：①余于癸丑二月入都，正召集国会时也。

其二

五色海飘古象坊。[①]马龙车水忒匆忙。为言军国费平章。　　遗恨那堪重记取，空闻揖让说黄唐。议郎终是怕儿郎。[②]

自注：①参众两院均在象坊桥东。

②选举正式总统之日，两院内外伏袁甲之士，议员欲离席者，皆为遮止，袁世凯迫两院以己应选也。

其三

雉堞森森对故宫，新开双阙度流虹。[①]大师兀自阅哀隆。[2]　　帘影沉沉飞燕隔,微闻细语怨东风。凄凉烟月逗寒梳[3]。

自注:①京师正阳门,毁其子城,葺其南楼,以为观瞻。于此楼左右,各开一阙,以通车马。

②两楼间饰以石狮子二,故清藩邸物也。

③清室有移居西郊之说。

其四

绵蕞诸生功最高,[1]如何胙土后萧曹。君王明圣重初交。　　仪注春官新奏进,如闻舞蹈异前朝。九重传语属娇娆。[2]

自注:①谓筹安会诸人。

②袁世凯明令废阉人,用女官。

其五

谶语从来数盛周,分明天意那能留。[1]斜阳无语下西楼。　　把酒高歌歌断续,飘零身世感沧洲。年年春水只流愁。

自注:①先是有术者言,中华民国终于四年,袁世凯所授意。

一二一　儒佛修持异同

夏丏尊来，偕访许缄甫，纵谈至日仄，初听缄甫与丏尊说佛法修养之要。缄甫于教宗诐悉，继因丏尊言及藕益作《论语》解，至"颜渊问仁章"而搁笔，缄甫因言儒家亦重修持，孔子答颜渊问克己复礼之目，而曰"非礼勿视，非礼勿听，非礼勿言，非礼勿动"，明重在修持。吾辈不能"当下即任"，故不能成佛。余因问："何故不能当下即任?"缄甫谓："信不足也。"余谓："由有身见故。"因为明"颜渊问仁"一章，缄甫、丏尊皆无可非。余因劝二君不必礼佛持珠，只须除去身见，克服我执，遇事当然，即起赴之，便是成佛。

一二二　顺风耳

《随园诗话》谓于提督杨恺壁上见挂一器,形如喇叭,长二丈许,糊以墨纱,乃军中所用顺风耳也,将军与军中密谋则用之,相离甚远,其语只二人闻,他人不能闻也。

按:杭州旧有卖捣鬼筒者,玩具也,以高寸圆径二寸余之竹管二,每管之一端糊以纸,以线穿两筒之纸心,长二三尺,每人持一筒,一人以筒贴耳,一人以口就筒语,语小,旁人亦不能闻也,而彼人得闻之。此是声学关系,不知自谁发明,顺风耳之原理,亦同于此。顺风耳之式,甚似今之电话机上之听筒,中国人何讵无发明,特无科学环境,乃仅止于斯耳。

一二三　马先生汤

　　《随园诗话》言："蒋戟门观察招饮,珍羞罗列,忽问余:'曾吃我手制豆腐乎?'曰:'未也。'公即著犊鼻裤亲赴厨下,良久擎出,果一切盘餐皆废。因求公赐烹饪法,公命向上三揖,如其言,始口授方。"

　　按:蒋法如何,未知随园食谱中亦著录否。据言则蒋亲下盐豉矣。余亦喜制馔品,余皆授归云以方,使如法治之,如蒸草鱼、蒸白菜之类,余唯试味而已,独三白汤必余手调,即诸选材,亦必与目。三白者菜、笋、豆腐也,然此汤在杭州治最便,因四时有笋也。豆腐则杭州之天竺豆腐,上海之无锡豆腐,皆中材,若北平豆腐,虽选其隽,亦不佳也。此汤制汁之物无虑二十,且可因时物增减,惟雪里蕻为要品,若在北平,非向西单市场求上海来品不可也。然制成后,一切物味皆不可得,如太羹玄酒,故非诚知味者不知佳处,曾以汁贻陈君朴,君朴煮白菜豆腐食之,谓味极佳,而其家人不赏也,如就一二品增其浓味,便对一般人胃口，称道不置，然非吾汤矣。往在北平，日竭（歇）中央公园之长美轩，以无美汤，试开若干材物，姑令如常烹调，而肆中竟号为马先生汤，十客九饮，其实绝非余手制之味也。

一二四　传代归阁

《芥隐笔记》《辍耕录》俱言今新妇至门,则传席以入,弗令履地,唐人已然,白乐天《春深取妇》诗:"青衣捧毡褥,锦绣一条斜。"

按:此二书,余三十年前即寓目,然竟不记有此语,今复读之于《随园诗话》。此俗余见之北平及杭州,杭州新婚仪节,新妇至婿家,彩轿直登礼堂,出舆即立红毡褥上,候婿共礼神,及交拜礼毕,赞者唱"传代归阁",则有应承者以贮米麻袋,从新妇足前铺起,新妇履之以行。候新妇行过,则揭后者复铺于前,递番以至洞房而止。据故老言,所由不使新妇履地者,妇家不愿以母家之土带至夫家也。若然,则仍是掠夺婚姻之遗习,盖示掠夺其子女而不得其土地之意。

一二五　途中人语（一）

赴霞飞路有事，途中闻两人相语，其一曰："愿意死老婆，不可死大人，大人养我大来什么用？"大人谓其母也。顾其人乃商贾之流，其言当使为子女者尽闻之。《传》曰："人尽夫也，父一而已。"余亦曰，人尽妻也，父母一而已。

一二六　途中人语（二）

　　门外有卖菜者相语，以捐税之重，又加苛勒，甲曰："此种人将来不得好死。"乙曰："正是。"噫，舆人之诵也。昔孟子云："关市讥而不征。"未若庄子云："散群坏植也。"虽然，私有制度不废，则无以语此。

一二七　王郎中

李孟符《春冰室野乘》有"记王焕"一则。

按：焕字辅丞，吾浙绍兴府山阴县人，其季弟会沣清德宗光绪十四年浙江乡试第一名，实余之启蒙师也，余于建国前十六年，以吊丈之太夫人丧，谒丈于其山阴斗门私第，丈及师皆以丁忧南归也。时丈家食桌皆覆以白布，盖已仿远西之俗矣。丈与大刀王五善，此余后闻之建新师者。

一二八　赵子昂书

赵子昂书学陆柬之，昔人谓其有得于陆也。然柬之书于唐初，实远在欧阳、虞、褚之下，略与薛稷为伍，但王家骨血犹存。子昂书无一笔柬之玲珑之气，乃俗眼中好书，王家骨血洗伐殆尽，至董香光遂为场屋祖师矣。而近世犹盛称赵、董，盖九方相马，必辨其骨，今之相人者，方面大耳，必是台阁之容，世之品书者，亦犹今之相人耳。盖点画具而略有姿态，便是今之好书，固无怪非巨眼不能识于牝牡骊黄之外也。欧阳、虞、褚面目各异，然确是王家骨血，智永亦然，若能透数家，便能寻着正脉，然书岂限于王家门槛中，不过以之见高曾规矩耳。

一二九 汤定之节概

智影来，以师丈嘱示七绝三章相付，调汤定之丈续弦作也。词云：

其一

喜星偏照茗闲堂，遮却双于似玉郎。
绕膝儿孙齐拍手，争看彩牒署鸳鸯。

其二

画梅楼易画眉楼，时样偷从眼底收。
益信老夫真善相，女师好处是温柔。

其三

明年报长紫兰芽，哺乳宵深错认郎。
稍碍衾裯甜入梦，晓妆催起弄咿哑。

茗闲堂、画梅楼皆定丈自署居室之名，双于道人则丈自号,丈多须也。丈善姑布子卿之术,自谓平生所长,相法第一,隶书次之,画又次之,此则怀才挟艺之士,每每不肯自以其所长为长,如章太炎自谓其医学乃第一也。丈尝自谓相当饥而不死,往年,居窘,汤尔和任伪职,数以书招,促其北上,终谢不应,几濒于饥死。盖丈自南来,仍以卖画为生,而此间习尚,画喜吴待秋,或抚吴仓硕、王一亭,如丈之宗其先德者,格不能行,故月入不足赡养,然近年生涯诐展,竟应其术。盖丈近画多属松梅蔬果,世稍易知,至其山水不先作轮廓,信笔而成,转得黄山、雁宕天胜之境,世不易知也,然则果有相耶?师丈严正,素不为绮语,此乃写尽温柔,道人得之,当有定情诗相赌耶。

一三〇　寿亲不在文字

陈孚尹来，以许叔玑夫人今年整七十，其子心馀欲余文为寿，托孚尹言之。余至不喜为寿文，然以叔玑、心馀之交，勉诺为之，不过致励心馀昆季而已。夫人子欲慰其亲，至于文字，无非为文字之寿可千百年耳。故余母五十岁时，余亦乞江宁邓熙之先生嘉缉为文，先生嶰筠总督之孙，诗文皆有法度，品节甚著，故欲藉先生以传余母。乃先生适病，其后先生拟就，无从致之余，托之吴北楼，而北楼与余不识，且亦不知余踪迹，稽留将二十年，而先生早归道山矣。及余佐教部在南京，北楼始以寄余，适余母整七十，乃装潢先生手稿为一册，颇珍视之，惜先生文集已先行世，未及登木，而顷遭兵乱，册子寄存戚家，闻筐箧已发，物当不存，徒成怅恨，然余母六十、七十时，转不求人为文以寿余母者，非无名公胜流之相识也，以余已谢不为人作寿序，亦不欲以此求人也。又以余母能自寿，若余复能寿余母，何须求人寿余母于区区文字间耶。况余幸能文，亦何必烦人耶。今余有《先妣事略》，苟得采入方志，余母便足千古，不然，亦与他人文集同供他年覆瓿，正不必也。

一三一　盘瓠氏之图腾

《后汉书·南蛮传》曰：

高辛氏有犬戎之寇，帝患其侵暴，而征伐不克，乃访募天下，有能得犬戎之将吴将军头者，购黄金千镒，邑万户，又妻以少女。时帝有畜狗，其毛五采，名曰盘瓠，下令之后，盘瓠便衔人头造阙下，群臣怪而验之，乃吴将军首也。帝大喜，而计盘瓠不可妻之女，又无封爵之道，议欲有报，而未知所疑。女闻之，以为帝王下令，不可违信，因请行。帝不得已，乃以女配盘瓠。盘瓠得女，负而走入南山，止石室中，所处险绝，人迹不至，于是女解去衣裳，为仆竖之结，著独力之衣。帝悲思之，遣使寻之，遇风雨震晦，使者不得进，经三年，生子一十二人，六男六女。盘瓠死，因自相夫妻，织绩木皮，染以草实，好五色衣服，制裁皆有尾形，今长沙武陵蛮是也。

余谓所谓犬者，非走兽之犬，盖以犬为其图腾者也，为高辛之奴隶，故有尾，唯奴也，故不可配以女，封以爵，后世相传乃以为犬者。古代记事之词质，故钟虡之饰若鸟兽跄跄，则曰"百兽率舞"；使以诸兽为图腾之族作战，则曰"教熊罴、貔貅、䝙虎以与炎帝战于阪尔之野"；舜明于事，则曰"重瞳子"；文王有德于人，则曰"四乳"。然则以犬为图腾者不具其姓名，即以犬名之，后人不知其故，遂以为真是走兽之犬矣。

一三二　彭李出家因缘

夏丏尊出示弘一法师十六年与蔡子民丈及余及朱少卿、宣中华书，以闻子丈在青年会演说，斥僧侣故，弘一谓僧有四类：一利他者，一自度者，一治经忏者，一无所为者，不可一概斥也。若须淘汰，当有所采择，宜设一委员会主之；因举僧侣二人同董其事，二人者曰某某、曰太虚也。此书及余者，以余时亦备位浙江省政府也，然余时实未见此书，不知何故。丏尊又示余吾宗一浮《与彭逊之书》，为逊之著《周易明义》成而无力刊行，一浮愿为印布也。书长千余言，词旨斐然，一浮善于书札，有六朝人气息，而其书法效"褚圣教"，故有兼美也。盖逊之既披剃，故余物遂为丏尊所收，丏尊因为言逊之所以出家之故，且谓弘一之出家，实由感于逊之也。余甚异之，遂质其详。丏尊谓逊之既居窘，一浮为言之浙江水利局局长林同庄，用为职员，而无所使之，资其食宿而已。一日，同庄莅局，而天寒甚，逊之袍单体颤，同庄言，当为制一袭服，然亦遂忘之矣，天寒未杀。一日，日高矣，而逊之犹拥被不起，闻茶役相谓曰："那里去揩油，弄一件皮袍子穿穿。"揩油者，俗讥不出钱而得者也。逊之以为同庄既不赠裘，复令人相调，遽起，奔钱塘江自投。被救，问知姓名，复询有何亲友于此，则曰："我在杭州只有一友马一浮耳。"警察官吏有知马一浮者，遂召一浮往，一浮则为易服而邀之还局，不可；赴己寓，又不可。会弘一因爱大慈山定慧寺之胜寓寺中，乃偕赴定慧寺假房，而逊之遂归依慈氏焉。弘一既观逊之披剃，大有感动，亦遂为僧，余闻而亦有感焉。一浮之识逊之由余，而逊之之为僧由一浮，叔同之出家又由逊之，世间因缘复杂变换如此，社会情状之所以繁也。

一三三　避煞

旧俗，人死，须延阴阳推定凶煞，殓时豫戒生人趋避，然仅属戚友耳，亲丁不避也，则其理已不可通。自海通以来，归依天主基督者众，固不信此。如信阴阳，不知有几许避煞而亦死者矣，固不然也。是知此乃一方之俗，术士之所为。余母大行，一切涉于迷信者，概付阙如，余妇虽甚迷信，亦莫如何也，然其于阴阳推煞，则坚持不能不用，意在为儿女也，余终如其意，然余意不为儿女也，余以俗尚未改，戚友多信此者。余母辈分既长，戚友卑小，依俗以送殓为敬死安生，若不示以所避，使人旁皇也。然避者甚少，盖余友好及弟子辈固不信此者多也。往年，谭仲逵之母丧于上海，余赴视殓，余即当避，然不避也。汪叔明师之丧，戚友视殓者不及十人，乃当避者居其八九，余亦与焉，于是最后之别，独余及某君而已。余谓视殓实为与死者作最后之别，往者不当避，此亦厚俗之道也。余既重犯凶煞，然亦无恙，亦可知其不足信矣。

附录

我在六十岁以前(节选)

马叙伦

中华民国前二十七年(前清光绪十一年,公元一八八五年)四月二十七日(这是照新历推算的日子),我生在杭州府下羊市街金刚寺巷口一所朝西的、还是太平天国战争后仅留下来的古老宅子(太平天国时是一所当铺,铺名"元吉")中。我的家庭历史是这样的:我家原在浙江绍兴府会稽县东胜武乡车家弄。高祖是一位农夫,名叫应凤。曾祖双名秀明,从绍兴到杭州,学做鞋子,是个工人,后来自己开起店来了,又是商人,才算入了杭州府仁和县籍。祖父呢,名文华,字焕卿,"三考出身",正路功名,在前清做京官二十多年就过世了。我的父亲字献臣,名叫琛书;当然承继书香,但只做得一个县学生员。

我五岁(实际不足四岁)那年的春天,有一天,我的父亲在内客堂中间摆了一张四方桌子,靠外一边缚上一幅红呢桌帷，桌子上摆了一副香炉烛台，为着给我"破蒙"，要拜孔夫子。给我破蒙的老师是头年（前清光绪十四年）浙江乡试第一名举人，俗叫解元的山阴王会澧先生，这就可以晓得父亲对我的期望了。

王先生到了，簇新的礼服，映出他那样风神映丽的仪貌。更从他的谈笑里，显着他的得意。因为他正要上北京去会试，似乎指顾间"连中三元"可以操券而得。

我的父亲自然也穿着礼服，先请王先生拜孔夫子，随后自己也拜，随后便叫我拜。我拜得真神气，王先生称赞了一番，父亲便向王先生行托付礼，彼此互拜了一回，随后父亲叫我拜老师。

破蒙开始了，撤了香炉烛台，摆上朱笔砚台。一本罗泽南的《小学韵语》，是浙江官书局刻的大板，官堆纸印得雪白，铺在桌子左边。一个绿色花绸子做的书包，是四方的绸子，把三面向里摺起，再缝住了，便成了袋子，一面不摺的角上，用黑色绸子挖了一个"如意"，镶在上面，又安上一条红布带子。书包里面放着一块木板，大小和书包差不多，板的一面，四边刻着古式花样，无非"双鱼吉庆""笔锭如意"一类，中间直刻四个大字，如"福缘善庆"一类，这块木板的用意怎样？或者是古代的"页"，为儿童学书用的（一般用的是板上用白缮粉漆着，可以写字）；或者不过为书包质软，借此衬得硬些，以便儿童装书。

王先生当然衣冠端正，俨然人师地坐在上首，我就坐在左边。王先生指着《小学韵语》开首四句："小学之道，诲尔童蒙（这句或者有些错误，记不真了）。蒙以养正，是曰圣功。"叫我随他的声音念。教不到三遍，我就自己会念了。我的父亲自然笑开了脸，王先生也向父亲叫"恭喜"。

以后就是父亲教我了，当然继续读完这本《小学韵语》。读书以外，只有写描朱字。我一写就很合式，父亲更是欢喜。

可是我家的生活，要靠父亲每月薪水收入维持的，所以父亲也不能准时地继续教我。后来几年，父亲因为我的两位堂兄要读书，请了一位萧山某先生来家，我也跟着读"大学之道"了。后来又换了一位塘栖劳先生。后来请不起先生了，把我送到邻居一位张先生家。张先生有学生十几个人，聚在一间小屋子里，真是一阵一阵老鸦叫个不休，好在我也不过随口乱叫，张先生也不过只要学生背诵得出，就算了事。

在张先生家读书的那年，我已十岁了，可是我还不过读到下《孟》（《孟子》三卷，下《孟》就是下卷），而且也不晓得里面说些什么，但是我的写字算写得相当好了。

这年十二月十二日（自然是旧历）下午，我的大祸临头了。这时我刚刚在那里叫："梁惠王曰：晋国天下莫强焉"，我家一个老做妈妈来对我说："履官（是我的小名），少奶奶（我的母亲）叫偌回去。"我早晓得父亲这几日病势沉重，听了，就把书包拿起，向先生作了一揖回家了。走入父亲房里，在父亲床前对面坐下，只看着父亲。父亲叫我的母亲拿长生果给我吃，我接着就不觉眼中要滚下泪来，正举起手来要向眼上揩，父亲便朝里睡了，大约也不忍看我。这夜子时（十一点多钟），父亲就撇下了我们母子兄妹四个过世了。

父亲在日，我已没有幸运好好地读书，何况父亲过去了。但是我的母亲呢，偏偏要从他老十个指头底下养活我们的生命，还要叫我承继祖父的"书香"，并且对我说："你爸爸没有得志，是他一生的恨事，你要替你爸爸争争气。"所以请了一位父亲的学生孙先生来教我们兄弟读书,但是也不过和张先生一样。

我十一岁的冬天,母亲给父亲办葬事,父亲的好友汤颐琐先生从苏州来会葬,便带了我回苏州。明年,汤先生就馆到温州去了,却请了一位刘先生来教我。这位刘先生单名叫题,是苏州阊门外一位医生(自然是中医),所以订明是早采晚归的。他老真会教书,每日早晨九点来钟,我和一个邻舍胡姓的同学到了馆里,他老个别的替我们上新书,温旧书,新旧书都要能够背诵得熟了,再替我们讲解。我虽则懂不得文法,却能了解书上说些什么。他老又叫我们写大字小字。末了是"对课"。这件事情,象是现在的造句子一类的意思,为做文的起码练习。那时做文,都是预备将来考试中秀才举人的,因为那时考试要做"五言八韵"的诗,诗是要讲对子的,所以从小就要来讲柳眼、桃腮、飞絮、游丝、青云、赤日、乱头风、长脚雨、红板路、白门潮,由一个字起到五个字,五个字能对,就成了一韵诗。譬如先生出个"一团蝴蝶梦",我们对个"几处鹧鸪声",便是写落花的一韵好诗了。

我当时只能对到三个字,但是他老出口,我就对上了。我那位同学天资比不上我,什么都落后,但是他后来也赶上我了。我们在三个钟头里把功课都做完了，他老真喜得要死，每日不到午时（十二点钟），他老便回去行医了。我们也觉得这个先生真奇怪，尤其是我，向来一窍不通，一忽儿觉得读书很有意思了。

可是不幸的事又临到我的头上，不到三个月，汤先生从温州来信接家眷了，刘先生自然不去，我却跟了姨子（就是汤先生的夫人，是我母亲的盟妹）到温州。汤先生是有名的学者，俞曲园先生的学生，诗文都做得好。他老原想自己教我的，但是他老文酒应酬太忙了，每晚归来，已是"鱼更再鸣"，就没工夫教我了，却叫我读《诗经》《书经》。我觉得咯哩咯嗒，读都读不上口，哪里还记得上心，了解更谈不上了。但是三五日里，汤先生要我背诵一回，我真叫苦了，因为真是背诵不上几句。这样一年，母亲惦记我了，叫我的叔父来接我回杭州。

我十三岁的正月间（旧历）回到杭州，母亲已替我请好了一位张先生，教我和我的两个弟弟读书。功课是和在苏州一样的，但是我依然得不到读书的味道。不到一年，我的家境也决不能够请先生了，就进了一个"宗文义塾"，在"智斋"里从胡诵清先生读书。那时一斋里的学生,程度高的文章满篇,低的还只是背诵对课,我当然在低的方面,但是我却私下向同学里的会做诗的学做五言"试帖诗"(试帖诗是应考试用的),自然做不成功,我也觉不得读书的味道。

一年以后,母亲因我的身体不好,叫我回家(原来住在塾里的),在同巷的李伯伯家,从一位萧山人鲁六僧先生读书。还不是老方子的一贴药,仍旧叫我感不到兴趣,只是写字算越写得好了,因为我的父亲是书法有名的,所以大家也夸奖我。这年是中华民国前十三年(前清光绪二十五年),就是"戊戌政变"的后一年,李家请的鲁先生换了一位范成佐先生。范先生的教书,法子还是一样,可是活泼些,有一回事,却叫我大感兴趣。我有一个姓洪的同学,天资也和我仿佛,我们对背诵,往往要争先到先生面前,我坐得近先生些,当然容易先到,这一回,他乘我不备,早离了他的位子,但是我的眼快,便同时抢到先生面前了,因此他和我都背诵起来。范先生左右为难了,但是他老心里明白,我是后离座位的,他老就出题目了,叫我们都停止背诵,由他老挑出书里一句来,叫我们接着往下背诵。他老先对那位同学说:"你先背。"分明是照顾他的意思。他老就从《论语》

里挑出一句"不占而已矣"，那位同学却背不出。他老又向我说"是知其不可而为之者与"，我立刻接上去背诵了。那位同学自然只得捧了书走，气得几乎下泪，我却一面背诵，一面很得意的向那位同学笑。

这时，我对于《论语》《孟子》算能了解他们文法的部分了，就请范先生教我做八股文。呫唔呫唔地读了几篇"程文"（就是模范文），却爱上了俞曲园先生《课孙草》里"子路宿于石门"一章的一篇，因为有这样四句："草草杯盘，席上之残肴未撤，荧荧灯火，室中之旧榻犹存。"觉得描写得有趣（这是用王安石的妹子作的诗改作的），就也学做八股文了。可是只做到起股，就不懂往下怎样做了。

头一年秋季，一夜，明月在天，我从外面回家，遇到有人慌张得很，担了泥菩萨搬家。我很奇怪，听人家说，原来康有为学了外国人，要开学堂，清朝皇帝听了康有为的话，要废佛教，拿天下庙宇来办学堂，所以那些尼姑先着了急，趁夜里这样赶来带菩萨逃难。我在那时，耳里早经听着"康梁变法"的话，晓得变法是为什么。那时杭州已有了一个"求是书院"，是新式教育机关（后来的浙江大学堂、浙江高等学堂都是从它改的，现在的浙江大学也设立在它的遗址），我却还没有晓得。

这年夏天，才听说杭州办了一个"养正书塾"，是外国学堂的样子。还晓得我父亲的一位盟友宋澄之先生（也是俞曲园先生的学生）在这里面教书，我就向母亲说明了，要进这个书塾，母亲自然没有不答应的。

其实，这种书院、书塾都是不中不外不今不古，不过不得不叫他们做新式教育机关。养正书塾的程度，可以说是现在的初小二三年到高中的混合体。我进去的时候，里面有二班三班四班三个班头，二班学生不过六七个人，都会做满篇的文章，年纪也都在二十左右了。我呢，入学考试仍就是背诵一回书，因我还不懂做策论文，把我和同时进去和我一样程度的同学凑了一班，叫做新四班。

我在新四班里和萧山三个姓韩的同学算是一班的"翘楚"，其实不过能做一百来字长的策论。我在半年将完时候，星期做文，一连考上了七次第一，第二第三就是二个姓韩的同学。不到年终考试，我和两个姓韩的同学便升入老四班了。我在老四班里不过一两个月，国文第一又往往轮到我的头上了，所以这年年终考试的结果，我就升到三班。

我升到三班时候，只有一个算学教员赵望杏先生，是在四班里就教我们算学的，可是我对算学总是格格不入，一部《笔算数学》，做到命分就弄不清楚。好在那时还没有物理化学等科目，有的不过是历史地理英文。历史地理都无教科书，也是那时还没有编得出来，所以我们读的历史，是整部的《御批通鉴辑览》，地理是《水道提纲》，我对地理简直无从入门。英文呢，我对发音来得不准，而且很蔑视外国文，所以英文教员魏冲叔先生用尽方法引诱我。年考的时候，我的试卷稍稍象样，他老竟给我奖金。但是我总觉得这是鬼话，我一生的吃亏却在这里。

　　这时三班的历史教员是刚刚请来的一位有名的历史学家陈介石先生（名叫黻宸），他老的古文也做得好，我们当初并不晓得，只当是一位布衣布鞋的乡下老先生。他老一口温州话，我们初初也真懂不得，可是我占便宜了，因为我到过温州，虽则我在温州住了将近一年，实在没有和温州人正式接触，不过听听邻舍人家讲话，有了些印象，所以陈先生说出来，我倒觉得和"他乡遇故知"一样。我听了他老对历史上的议论，很感兴趣。他老因为言语不通，总是用笔来考问我们。他老不但"循循善诱"，还真懂得"不愤不启,不悱不发"的教法。我们经他老几次的启发,没有不五体投地的归依他老了。我在三班里半年终了,又升到二班,便和原在二班的各位同学并驾齐驱了。

这年是清朝光绪二十六年,北方出了义和团的事件,欧美日本八国联军攻入北京,皇太后、皇帝都向西安逃跑了。那时杭州有三份上海报纸,是《申报》《新闻报》《中外日报》,但是我们书塾里只教员室有报看,我们哪里敢进去。这位陈老先生却常常把时事告诉我们。一日,他把我叫得去,告诉我联军进了北京,皇帝走了。我好象天向我头上压下来了,就号啕大哭。他老却不响,直待我哭得太伤心了,他才对我说:"你不要哭,慢慢对你说。"我听他的说话,好象基督徒相信《圣经》一样,晓得他老必定有个道理的,也就止了泪。他老说:"你去息息罢。"我内心还是凄凉得很,也没有话说,就退出了。

后来他老并不怎样特别地告诉我什么,但是我们从他老讲历史里说到六朝五代和宋明亡国的事,我们不知不觉了解我们所处的时代了。他老又叫我们在课外看《天演论》《法意》,和《黄书》《伯牙琴》《明夷待访录》一类的书,我们又不知不觉懂得须要革命了。因此我们考试文里也大变了色彩。

我在二班里，也是半年就和全班的同学一起升了头班。可是我苦了，因为他们的算学都是学微积了，而我连三角也学不好。英文也连造句还咯哩咯嗒，改学日文，又讨厌他总是鬼话。不过我在历史、国文、掌故（这门功课有些特别，大概等于现在的政治学、经济学里的概论，而又只限于中国历史以内，并且没有教本，只在《九通》里面自己摸索）方面的成绩，除了汤尔和、杜士珍两位同学外，我总超过其他同学们，所以保持了在头班的地位。

我在头班半年不到，和汤杜两位同学的成绩又超过了其他同学，忽然把我们三个加了一个特班生的头衔，却仍在头班里读书，这是在清光绪二十七年上半年。下半年书塾里又出新花样了，加设师范生六名。备班学生一班，备班取来的都是象现在初小一二年级的学生。师范生呢，并非另开一班，也不增加教育科目，就是给我和汤杜两位同学，和还有周继善、叶诚然、龚寿康三位同学（都是头班生）加了一个职务，叫我们去教备班学生，不过不算正式教员，所以特立这个名目。

我们在备班里，一面是教师地位，一面还是同学地位。我们对于这班里的小兄弟，真是看得和自己的兄弟一样。而我们的教法，不但用了陈老先生教我们的方法："不愤不启，不悱不发"，我们和他们真"德谟克拉西"①。我们有时设了一个问题，反而自己退下讲台来坐在学生位子上，请他们里面自动要说话的上去互相质问辩难。所以他们也和我们亲热得要死。他们里面有一个杨崇英，是书塾总理的孙子，不过十二三岁，先和我在新四班里同学，他后来告退了，这时重复进来，他每次能够侃侃而谈。还有一个傅孟，也是了不得的。

这时，我们书塾里还没有体操，我们到求是书院里去看了一番，"不胜欣慕之至"，就由高级同学发起向总理（就是校长）上书，请求增加体操科目。起初总理以为这是不需要的，后来终究被我们的"绝妙好词"感动了，增加了体操。我对这事，倒大感兴趣，翻杠子、荡秋千，居然第二手。

我们又发起组织同学了，一个现在学生会似的组织，由我们几个高级同学来领导，虽则形式上很不完全，精神上倒很团结。我们几个人常常晚上到年

---

① 德谟克拉西：即民主，音译自英语"democracy"。

级较低的同学宿舍里集合他们，作演讲、辩论，很似现在的座谈会。

照例，每年端午、中秋、年底三个时间，要由杭州府、钱塘县、仁和县轮流来考试。他们拿了卷子回去，评定了次第，五名以前都有奖金。有一回轮到钱塘县，知县黄大华先生，倒是一个有学问的，可是他偏闯了一个乱子。他随意把我们升降了，头班的降到三班，四班的升到二班，平日成绩好的偏偏都落人次等。我们大哄起来，好在校方并不依照他的评定办理，我们却大家都不愿意接受他的奖金。说也可笑，一共也不过五六十块钱（银元），我们却要办一个藏书楼了。汤尔和会刻图章，他就牺牲了石头一方，刻了"皆大欢喜楼藏书"七个字，捺在买来的一些当时新出的课本书籍上。那时杭州出了一份线装书式的白话报，其实都是求是、养正两校的教员的作品。我们就定了几份，供给同学看看。